WOLF-DIETMAR UND URSULA UNTERWEGER

Das große Buch der Bauerngärten

Mit praktischen Anleitungen zur Anlage und Pflege eines Bauerngartens

FLECHSIG

S. 1: Rudbeckia-Arten dienten zur Zierde und als Wundheilmittel.
S. 2: Staketenzaun und Buchshecken. S. 3: Dahlien.
S. 4, links: Löwenzahn und tränendes Herz. S. 4, rechts: Mohnkapseln und Eisenhut.
S. 5, links: Alter Staketenzaun und verwelkende Margeriten. S. 5, rechts: Traditioneller Staketenzaun.
S. 6/7: Das Können und Wissen der Bäuerin um den Bauerngarten bestimmen sein Gesicht.
S. 8: Das Pflanzenkleid eines alten Bauernhauses.

Umwelthinweis:
Dieses Buch und der Umschlag wurden auf chlorfrei gebleichtem Papier gedruckt.
Die Einschrumpffolie - zum Schutz vor Verschmutzung - ist aus umweltverträglichem und recyclingfähigem PE-Material.

Sonderausgabe für Flechsig Buchvertrieb

Gesamtherstellung: AGORA United Graphic Services b.v
Netherlands
ISBN 3-88189-242-7

Inhalt

Die alten Bauerngärten

. . . sind Ausdruck für das Wissen im Umgang mit der Natur. Als verzierte Nutzgärten im Dreiklang Nützlichkeit, Schönheit und Zweckmäßigkeit sind sie eine ökologische Nische im Dorfbereich. Sie sind eine friedvolle bäuerliche Einheit, mit einem Holzzaun als Symbol des Gartens umfriedet, in der ohne Einsatz von Chemie Gemüse, Gewürz- und Heilkräuter, Blumen und Beeren gedeihen. Eine praktische Einteilung ist das Geheimnis dieser Paradiese.

Die neuen Bauerngärten

. . . haben außer dem Namen mit diesen Gärten nichts Gemeinsames, und so steht er ihnen auch nicht zu. An die Stelle der schönen, alten Bauerngärten sind die neuen Gärten der Bauern von heute getreten. Diese sind meist das Abbild des Wohnzimmers im Grünen und werden wie dieses mit einer Kehrwochenmentalität mit viel Mühsal und Chemie sauber gehalten. Alles hat seinen Platz und seine Ordnung. Eingerichtet ist dieser Garten wie die Wohnung.
Jeder Gartenbesitzer ist überzeugt, daß es sein eigener, unverfälschter Geschmack sei. Und doch sieht alles wie beim Nachbarn aus. Blaufichten, Waschbetontröge voll überquellender Blumenpracht, und ein paar Krüppelkoniferen stehen etwas hilflos auf dem glattgeschorenen Rasen herum.
Naturentfremdet sind diese »neuen Gärten der Bauern«. Und schön? »Nur das grüne Dorf ist schön. Aber grün heißt Natur. Grünersatz in Dosen. Und Waschbetontrögen. Und knorrigen Baumsärgen« meint Dieter Wieland, und wir stimmen ihm zu.

Zwischen dem Alten,
Zwischen dem Neuen
Hier uns zu freuen
Schenkt uns das Glück,
Und das Vergangene
Heißt mit Vertrauen
Vorwärts zu schauen,
Schauen zurück.

Johann Wolfgang von Goethe

Was versteht man unter einem Bauerngarten?

»Ja, kann man das auch anders machen?« erwidert uns die Bäuerin, als wir sie auf ihren Garten ansprechen: einen echten, alten traditionellen Bauerngarten. Ein kleines, eingezäuntes Stück Land, das Nützlichkeit und Schönheit miteinander verbindet. Durch den Staketenzaun, der den Bauerngarten umfriedet, drängen sich Kräuter und Blumen. Die Brennessel darf hier wachsen; eine Buchshecke, welche die Beete in vier Quadrate aufteilt, gibt dem Garten Ordnung und Ruhe. Der Leitspruch der Bäuerin lautet: »Man muß für das Neue aufgeschlossen sein und dennoch das gute Alte bewahren.«

Dieser Garten mit seiner Vielfalt althergebrachter Pflanzen, dem Miteinander von Blumen, Kräutern, Stauden, Gemüse und Beerensträuchern erzählt eine lange Geschichte des Bauerntums und ist das Spiegelbild vieler Generationen, die ihm durch gesundes Naturempfinden eine besondere Ausdrucksform gegeben haben. Auch die Bäuerin hat das Wissen und die Pflege im Garten von ihrer Mutter und diese von ihren Vorfahren übernommen. Es basierte auf jahrhundertelanger Erfahrung, die sich von Generation zu Generation weiter vererbte.

Nützlich, schön und zweckmäßig: drei Merkmale die heute wie vor tausend Jahren die Szenerie eines ländlichen Gartens beschreiben. Der Dreiklang zwischen Gemüse, Kräutern und Blumen, sein mitunter streng geformtes Bild, ist es, was diesen Garten so heimelig macht.

Der Besuch im Bauerngarten, ja schon der Blick über den Staketenzaun, läßt das Herz so manchen Gartenfreundes höher schlagen: Blumen und Kräuter in satten Farben, mit würzigem Duft. Zwiebeln, Kopfsalat, Stangenbohnen, Schnittlauch, Weißkohl. Ein kunterbuntes Wachsen und üppiges Blühen, das erfreut und wohltut. Scheinbar wirres Durcheinander, das beim näheren Betrachten jedoch klar erkennbare Ordnung freigibt. Ein einfaches Wegenetz gliedert den Garten. Die klassische Form der Aufteilung ist die des Wegkreuzes in vier Quadrate oder gleichgroße Rechtecke. Sie sind die Grundelemente des Bauerngartens im Norden wie im Süden, in Deutschland, Österreich, Holland, Frankreich, der Schweiz und anderswo. Um diese geschaffene Ordnung noch zu unterstreichen, um dem Garten einen inneren Halt und eine Richtung zu geben, werden die Beete mit einer Buchshecke eingefaßt. In der vegetationslosen Zeit, im Herbst und im Winter im Schnee, kann der Garten damit sein Gesicht bewahren, denn die immergrüne Hecke hält ihn wie einen Rahmen zusammen und zeigt ihn in einer geradlinigen, geordneten Form.

Doch hin und wieder ist die ausgewogene Einheit von Nützlichkeit, Schönheit und Zweckmäßigkeit gestört; zum Beispiel in Richtung von mehr Nützlichkeit. Dann präsentiert sich der Garten als ein ausgeprägter Gemüsegarten. Gemüse, Salat und Kräuter dominieren. Zum Betrachten bleibt weniger, zum Ernten desto mehr.

Überwiegt die Schönheit, dann haben Dahlien, Stockrosen, Jungfer im Grünen, Phlox, allesamt Blumen fürs Auge, für die Nase und zum Anfassen, vom Garten Besitz ergriffen.

In der Schweiz, in Holland, im Münsterland, vereinzelt auch in anderen Regionen sind die Gestaltungs- und Ordnungsprinzipien das prägende Element. In diesen Gärten sind die Beete gerade so groß, daß sie noch bequem von den Wegen aus zu bearbeiten sind. Die Wege jedoch sind oftmals auffallend breit. Buchshecken säumen die Ränder, und kunstvoller Figurenschnitt der Taxushecke frieden den Garten ein. Das sind Gärten, deren Ästhetik nicht so stark emotionalisiert, die aber wegen ihrer Seltenheit von großem Wert sind. Diese Art von Bauerngärten sind Kulturdenkmäler hohen Ranges, die ein Stück abendländischer Kulturgeschichte darstellen. Einem zähen Festhalten unserer bäuerlichen Vorfahren und einiger heutiger Bauern an Brauchtum, Lebenshaltung und alter Bauweise ist es zu verdanken, daß solche Gärten über Jahrhunderte hindurch in ihrer Gestaltung und in der Auswahl ihrer Pflanzen gleichblieben und bis heute erhalten wurden.

Alle vier vorgenannten Typen von Bauerngärten nehmen für sich in Anspruch, als echte Bauerngärten zu gelten. Es stellt sich hiermit die Frage: gibt es eine klar umrissene Definition, was man unter einem Bauerngarten versteht? Anscheinend wird, wie bei der Sichtung der Literatur festzustellen ist, sehr Verschiedenes darunter verstanden.

Titze kam bei kritischer Betrachtung der Literatur zu dem Schluß, daß es den eindeutig zu definierenden Bauerngarten schlechthin nicht gibt. Allein ein Blick auf die Bilder in diesem Buch zeigt schon, daß das Spektrum der Bauerngärten vom Arme-Leute-, Bergbauern-Krautgarten bis hin zum parkartigen Gartenkunstwerk des wohlhabenden Bauern reicht. Bauerngärten sind wie alle anderen Gärten einer Wandlung unterworfen. Sie verändern sich nicht nur im jahreszeitlichen Rhythmus; ihre Konzeption ist ebenso einem ständigen Wandel unterworfen, wie auch die soziale Bandbreite der Gartentypen sich mit der Zeit ändert. Fünf Grundarten von Bauerngärten gab es einst. Den »Vor-Zier«-, »Gemüse-Haus«-, »Gemüse-Feld«-, »Obst-Gras-Garten« und den »Gemeinschaftsgarten« z. B. der ummauerten Weindörfer sowie als häufigsten Übergangstyp den »verzierten Nutzgarten«.

Titze und wir fanden bei folgenden Autoren weitere Definitionen:
Rhagorio, Bern, 1639, teilt die »Pflantz-Gart« ein in »Obst-, Kraut- und Weingärten«.
Jühlke, 1858, hält für »ländliche Gärten« diejenigen »an großen Gütern, die wahre botanische Gärten« sind.

Im »Handbuch über schöne Gartenkunst« unterscheidet Grohmann, 1804, den ländlichen Garten »von den Gärten des Landmannes, wo nur Küchengewächse und einige Obstbäume stehen, und fruchttragende Sträucher eine wilde Umzäunung bilden«.
Glaab, 1892, meint, daß es »anscheinend sehr einfach ist, was unter der Bezeichnung Bauerngarten zu verstehen sei« und deutet ihn mit folgenden Worten: »Unter Bauerngarten ist im Sinne historischer Entwicklung der Gartenstile derjenige zu verstehen, welcher bezüglich seiner Anlage und Ausschmückung vom jeweiligen Standpunkte der Gartenästhetik die niederste Stufe eingenommen hat und seine Form und auch seinen Zweck durch Jahrhunderte unverändert erhalten hat, kurz gesagt: der Urtypus, aus welchem unsere gegenwärtigen Lustgärten entstanden sind.«

Zu einer vergleichbaren Auffassung kommt Kanig in der Zeitschrift »Die Gartenkunst«, 1904; er unterscheidet ihrer zeitlichen und geistigen Entwicklung nach drei Gruppen von Gärten: Ur-, Kunst- und Naturgärten. Den Bauerngarten rechnet er zum Urgarten und definiert ihn wie folgt: »Pflanzen nützlich, Zierpflanzen groß, grellfarbig. Blumenbretter vor dem Fenster (Thüringen) oder an der Hauswand neben der Türe (Mark, Spreewald). Zaun: grell, bisweilen kunstvoll. Gärten selbst: zwanglos, unregelmäßig, gelegentlich auch gekünstelt, aber ohne feines Gefühl für geometrische Verhältnisse.« Eine Betrachtungsweise, die keiner weiteren Kommentierung bedarf.

Marzell, 1934, ist der Meinung, daß Bauerngärten mit Kunst wenig zu tun haben, sondern mit den Bauernpflanzen. Eine klare Definition bleibt dieser zu seiner Zeit weit hin bekannte Volksbotaniker aber schuldig.

Boeck, 1939, würdigt den »traditionsreichen Bauerngarten«, da dieser am Niedergang der Gartenkunst am wenigsten teilgenommen habe, weder an der Entartung der Landschaftsgärtnerei in Richtung einer »Teppichgärtnerei« mit großen Rasenflächen und farbenglühenden Blumenarrangements, noch am Rückgang künstlerischer Gesichtspunkte und an der Wiedererweckung geschichtlicher Gartenstile, die er als fehlgeleitet ansah. Abweichungen in der Gestaltung der Bauerngärten führte er auf landschaftliche Unterschiede in der Siedlungsweise zurück. Bauerngärten waren für ihn voller Beziehung zum Leben, keineswegs aber rückständig.

Eine schöne Beschreibung des Bauerngartens finden wir bei G. Allinger, Der deutsche Garten, 1950. »Der Bauerngarten zeigt dort, wo er von Gartengreueln und von den ungeselligen oder überzüchteten Pflanzen des 19. Jahrhunderts verschont geblieben ist und wo der Bauer und die Bäuerin an den alten Gartenüberlieferungen ihrer Ahnen treu festgehalten haben, überall im Lande ein freundliches Gesicht. Die klimatischen, geologischen und geographischen Verschiedenheiten, ebenso wie Stammeseigenarten und -gewohnheiten, die Wohlhabenheit oder der Kampf ums Lebensrecht haben vom Meer bis zum Gebirge, vom Osten bis zum Westen vielerlei Ausprägungen der Bauerngartenidee hervorgerufen – wie er aber auch sei, groß oder klein, stolz oder bescheiden, allen ist die gemütvolle Grundstimmung zu eigen.«

Kundegraber berücksichtigt in ihrer Dissertation 1951 über den Bauerngarten in der Steiermark nur den »Hausgarten«. »Unter Hausgarten ist der Garten in der Nähe des Hauses zu verstehen, der dazu dient, den notwendigsten Bedarf der Küche zu decken. In ihm zieht man auch Arzneipflanzen und Blumen. Er wird so zum »verzierten Nutzgarten«. Er ist durch den Zaun aus dem übrigen Kulturland hervorgehoben. Von ihm unterscheidet sich der Krautgarten, der in der Regel dem Fruchtwechsel unterworfen ist. Die Einzäunung fällt dadurch weg. Der Obstgarten ist wie der Hausgarten in der Nähe des Gehöftes, vielfach hinter demselben. Er ist selten umzäunt. Einen ausgeprochenen Blumengarten kennt die Bäuerin nicht.«

Mosig, 1958, findet, »daß der Bauerngarten in bezug auf Anlage, Inhalt und Ausschmückung die einfachste Stufe in der kulturhistorischen Entwicklung unserer Gärten einnimmt. Der deutsche Bauerngarten blieb sich über viele Jahrhunderte hindurch, von einigen Ausnahmen abgesehen, fast gleich: ein verzierter Nutzgarten und Arzneigarten«. Er erblickte in ihm »ein verkörpertes Stück alter Kulturgeschichte«.

Für Schlagbauer, 1964, »erinnert uns ein sommerlicher Bauerngarten mit seinen prächtigen Formen und Farben wie eine alte Truhe in der Kammer, wie ein Spinnrad auf dem Speicher oder ein irdener Topf und Behälter an längst vergangene Zeiten mit lebendigen Sitten und Bräuchen. Ein Reichtum an Hingabe und Herzenswärme, eine tiefe Liebe zur Heimat erblühen aus der Pflege der alten Bauernblumen«.

Dahl, 1983, teilt den Bauerngarten in »drei Grundprinzipien« auf. Das erste Prinzip ist die »regelmäßige, ornamentale Aufteilung in kleine Bereiche mit oftmals immergrünen Einfassungen«. Die Konsequenz daraus ist das zweite Prinzip. Dieses resultiert aus der Einsicht, daß im Garten auch »das Nützliche meist zierend und das Zierende auf seine Art auch nützlich ist – beides fügte man unbefangen zueinander: Statt strenger Trennung eine muntere Melange von besonderem Charme«. Als drittes Prinzip empfiehlt er die Pflanzung von bewährten, traditionellen Pflanzenarten in Kombination mit Neuheiten. Für ihn ist der Bauerngarten eine »abgezirkelte Welt«, eine »begrenzte Fläche zur intensiven Nutzung mit schmückenden und eßbaren Gewächsen bei begrenzter Arbeitszeit«, auf der er kleine Bereiche mit einer »bestimmten Art von Unordnung« wie einen Moderplatz empfiehlt.

I. und P. Menzel, 1982, sehen im Bauerngarten die »Ausgewogenheit zwischen Nutzen und Schönheit« und geben seiner äußeren Gestalt, der Form der Beete, der Lage der Wege ein nicht so starkes Gewicht. Diese sind für sie nur »ordnende Äußerlichkeiten«. Sie setzen den Bauerngarten gleich mit »Wissen um die Pflanzen des Bauerngartens« und geben diesen Pflanzen und ihrer Bedeutung für den Menschen ein besonderes Gewicht.

»Bauerngarten – da liegt Poesie drin, Nostalgie und Seltenheitswert. Ein Wort, das auf der Zunge zergeht wie frisches Buttergemüse«, schwärmt W. Nowak-Nordheim, 1982. Seiner Meinung nach verband der Bauerngarten schon immer Nutzen und Zierde miteinander. Daß dies jedoch nicht immer so war, entnehmen wir aus den Worten des Gartenhistorikers Derek Clifford: »Der Garten jeder Periode spiegelt die Traumwelt der Zeitgenossen und ist das Wunschbild der betreffenden Epoche.«

»Der Bauerngarten war das Reich der Bäuerin«, so berichtet uns A. Hauser 1976. »Er unterlag innerhalb des

Dorfetters im allgemeinen nicht dem Flurzwang. Sie konnte in ihm nach Gutdünken walten, und so wurde er von ihr, d. h. der Lebens- und Eigenart der jeweiligen Zeit, maßgebend geprägt. Er drückt die geschichtliche, soziologische und geisteswissenschaftliche Entwicklung unserer Kultur aus. Im Laufe der Zeit nahm die Pflanzenvielfalt zu, und der Bauerngarten wurde zu dem, was er heute ist: ein Nebeneinander von Gemüse, Gewürzpflanzen, Blumen und Beerensträuchern.«

Die Definition vom Bauerngarten lautet bei Agnes Sternschulte, 1985: »Er ist ein verzierter Nutzgarten mit einem spezifischen Arteninventar und einer vom Klostergarten übernommene Kreuz-(Doppelkreuz-)Einteilung mit jeweils 4 (6) durch Buchs eingefaßten Beeten.« Dies ist eine klare Aussage, die aber beim Gang durch die Geschichte und das Land ihre Allgemeingültigkeit verliert. Diese klare Interpretation mag für viele alte Bauerngärten in Westfalen zutreffen, sicher aber nicht für weite Teile Mitteleuropas. Eine Vorstellung von bäuerlichen Gärten übrigens, die weit verbreitet ist. Ebenso glaubt sie, daß wegen vermeintlich gleicher Grundrisse ein unmittelbarer Zusammenhang von Bauern- und Klostergärten bestehe. Eine Wunschvorstellung, bislang keineswegs belegt.

Heyer, 1979, vermutet, daß »die meisten dieser Art von Gärten erst aus dem 19. Jahrhundert stammen« würden. Eine quadratische Fläche läßt sich am einfachsten durch Zwei- oder Vierteilung untergliedern. Es wird niemand bestreiten, daß die Klöster schon immer einen Einfluß auf die Bauern nahmen und somit die Klostergärten mit den Bauerngärten sehr wohl in Verbindung gebracht werden können.

Die Einschränkung der Bauerngarten-Definition auf den sogenannten klassischen Grundriß mit Kreuzweg, Rondell und Buchseinfassung, meint Titze, führe zum Fehlschluß, daß »reine, unverfälschte Bauerngärten« sehr selten geworden sind, ja sogar so weit, daß es keine Bauerngärten mehr gäbe. Dies sei eine »Mißachtung so vieler funktionierender anderer Bauerngartenformen«. Auch das sind Bauerngärten: die Form, angepaßt an die vorhandene Fläche vor dem Haus, neben dem Haus oder hinter dem Haus, was dann oftmals einen unregelmäßigen Garten ergibt. Und die Einteilung im Garten: einfach und praktisch. Er deutet ihn wie folgt: »Der Bauerngarten ist der Garten der Bäuerin; er dient zur Ernährung und Gesundheit der Bauernfamilie und des Viehs sowie zur Zierde des Hofes. Zum Bauerngarten im weiteren Sinne gehören alle Äußerungen bäuerlicher Gartenkultur im Hofbereich, also auch Hofbaum, Fensterblumen und Rabatten an Mauerfüßen.« Aber auch diese Beschreibung ist unzureichend, etwas zu allgemein und engt nicht ein. Die Grenzen sind zu vage und zu weit gesteckt. Unverständlich bleibt, daß keiner der Autoren den Gartenzaun in seine Überlegungen mit einbezog.

So wollen auch wir eine Definition des Bauerngartens geben, mit dem Versuch, dem althergebrachten ebenso wie dem heutigen, einem Wunschbild für kunterbuntes Wachsen und üppiges Blühen, gerecht zu werden. Der Bauerngarten ist eine ökologische Nische innerhalb und außerhalb des Hofbereiches, eine mit einem naturbelassenen Holzzaun als Symbol des Gartens umfriedete Fläche. In ihm wird ohne Anwendung von Chemie naturgemäßer Gartenbau in Mischkultur betrieben. Er ist eine ausgewogene Einheit von Nützlichkeit, Schönheit und Zweckmäßigkeit; ein verzierter Nutzgarten mit Dreiklang. Das strenge Ordnungsprinzip mit Kreuzweg, Rondell und Buchseinfassung sowie alle anderen Ausdrucksformen bäuerlicher Gartenkultur im Hofbereich, wie der Haus- und Hofbaum, Blumenkästen am Fenster und Rabatten an Hauswänden sind Teile des Bauerngartens, machen aber für sich allein noch keinen aus. Was er braucht, ist einen einfachen Grundriß, eine Aufteilung in Beete und viel Natur drinnen im Garten und am Zaun um ihn herum. Ein Kultur- und Naturraum in sich vereint. Er zeigt, was in der jeweiligen Gegend und in ihrem Klima am besten wächst und was zusammenpaßt: Gemüse, Gewürz- und Heilkräuter, Blumen und Beeren. Jeder Quadratmeter dieses Fleckchens Erde ist Kultur. Nutz- und Zierpflanzen in ausgewogener Harmonie mit Wildkräutern, besser bekannt als Unkräuter, lassen ein kleines, eingezäuntes Stück Land zu einer friedvollen bäuerlichen Einheit zusammenschmelzen. Das ist das Geheimnis schöner, alter Bauerngärten. Sie sind Ausdruck für das Wissen im Umgang mit der Natur; auf den Nenner gebracht: die Naturgärten aus dem Großelternland.

Der Bauerngarten gestern und heute

Alte Bauerngärten haben heute Seltenheitswert erlangt. Wo sind sie geblieben? Leise, für die meisten Dorfbewohner ganz unmerklich, aber folgerichtig, hat sich bei den Bauern die Wandlung vom verzierten Nutzgarten in den reinen Ziergarten vollzogen, in dem Sterilität bis ins letzte Eckchen und Sauberkeit bis ins Detail herrschen. Entstanden sind die »neuen Bauerngärten«; Gärten, die diesen Namen zu Unrecht tragen. Sie sollten besser als Gärten von Bauern bezeichnet werden, um eine klare Unterscheidung zu treffen. Man begegnet ihnen in unseren Dörfern und bei Einzelgehöften auf Schritt und Tritt. Sie sind nicht wie die echten Bauerngärten Urbild einer intakten Umwelt, sondern spiegeln die gleiche Unnatur wider, wie sie uns allenthalben in Form von intensiv landwirtschaftlich genutzten Flächen, Zier- und Sportrasen und Rabatten umgibt. Blaufichten, Krüppelkoniferen und Waschbetontröge voller Katalogblumen stehen etwas verloren auf dem säuberlich gepflegten Rasen herum. Einfallslos und etwas dürftig präsentiert sich der neue Gartenstil mit dem man bekunden will, daß man mit der Zeit geht – einer Zeit der Naturzerstörung. Eine beträchtliche Zahl von Bäuerinnen und Bauern ist vom neu erwachten Naturverständnis noch nicht erreicht worden und hat die Aufgabenstellung bis heute noch nicht erkannt. Sie sind offensichtlich nicht einsichtig genug und bereit, vom Einsatz von Schädlings- und Unkrautbekämpfungsmitteln im eigenen Garten geschweige denn auf den Feldern und Wiesen abzulassen. Hier könnte und müßte durch ein gesetzliches Verbot Abhilfe geschaffen werden. Leute mit Vorbildfunktion müßten ein Signal setzen, in dem sie Unkraut am Gartenrand, unter Bäumen und Sträuchern gewähren und aus den Ritzen wachsen lassen. Dann würden die Bauern mehr Mut zum wilden Grün aufbringen und sich alter bäuerlicher Gartenkultur wieder erinnern.

Dem heutigen Zeitgeist erlegen, haben auch die Bauern mit allem aufgeräumt, was alt und daher nicht modern ist. Diesen Trend drückt Dieter Wieland mit folgenden Worten treffend aus: »Alles vom Teuersten. Und immer gleich das Sortiment. Blumen auf Wagenrädern, in Mostpressen, Leiterwagen und auf alten Schlitten. Immer etwas Neues, Uriges. Bei der rustikalen Masche. Einheitsgrün für die letzten Dörfer, die noch wie Dörfer aussehen. Der Gartenzaun: je unnatürlicher und häßlicher, desto besser; am liebsten abwaschbar. Gärten sind eine teure Leistungsschau von Prestigepflanzen.«

Die gleichmachenwollende Gegenwart – trotz einer noch nie dagewesenen Vielfalt an Konsumartikeln, zu denen auch Pflanzen gehören – hat die Stadt und den ländlichen Raum mit seinen Bewohnern erreicht. Der Aufruf »Unser Dorf soll schöner werden« trug Früchte: Aufgeräumt, herzeigbar und ordentlich mußte alles sein. Sträucher wurden zurechtgeschnitten, in Reih und Glied gesetzt, jedes Pflänzchen, von selbst gewachsen, schnellstens entfernt und damit der Bauerngarten zu Tode kultiviert. Von nun ab waren Obst und Gemüse billiger und leichter vom Supermarkt zu erhalten als vom eigenen Garten. Die Zeit der Selbstversorgung der Bauern ging dem Ende zu. Hausmittelchen zum Auskurieren einer Krankheit wurden durch Medikamente aus der Apotheke ersetzt. Die Kräuterecke schrumpfte, nur der Schnittlauch und die Petersilie überdauerten. So wird leicht verständlich, wenn man auf die Frage, warum man mit der Tradition des alten Bauerngartens gebrochen habe, immer wieder zu hören bekommt, daß er zu arbeitsaufwendig gewesen sei und sich das Pflanzen von Gemüse nicht mehr rentiert habe.

Von Brauchtum und Tradition kehrte man sich ab. So verlor auch der geschichtsträchtige Bauerngarten nach dem 2. Weltkrieg immer mehr an Bedeutung.

Mit der Auffassung, daß der Betrieb nach rationellen Gesichtspunkten zu bewirtschaften sei, wurde auch dem Garten sein letzter Grund einer Daseinsberechtigung genommen. Eine rein rationale Denkweise setzte sich durch, und die Bäuerin merkte lange nicht, daß ihr moderner, pflegeleichter Garten kaum weniger Zeit bedurfte. Nur einigen war bewußt geworden, daß die Bauerngärten, sind sie einmal für immer verschwunden, eines Tages schmerzlich vermißt werden. Denn ist es nicht immer so, daß man sich des wahren Wertes einer Sache erst dann voll bewußt wird, wenn man sie schon verloren hat? Wer hat denn noch alte Trachten, Kästen, Truhen, Spinnräder auf dem Speicher? Alles Alte wanderte auf den Müll. Und heute bedarf es keines Beweises um den großen Wert dieser volkskundlichen Gegenstände.

Erfreulicherweise hat sich seit geraumer Zeit die Auffassung durchgesetzt, daß die Pflege traditioneller Werte, der Erhalt alter Kulturdenkmäler – und dazu gehört auch der Bauerngarten – eine wichtige Aufgabe ist. So erfährt der Bauerngarten in heutiger Zeit neue Aufmerksamkeit und kommt wieder zu Ehren. Junge Bäuerinnen entdekken ihre Liebe zu ihm, ebenso die neuen Bauernhausbesitzer aus der Stadt. In aller Munde ist das Thema Umweltkrise und Naturzerstörung. Getragen auf der Biowelle »Zurück zur Natur« besinnt man sich natürlicher Abläufe. Großmutters alte Hausmittel sind wieder gefragt. Selbstgezogenes Gemüse wird wieder gekocht; Obst mit Makel wird akzeptiert. Was wenige immer schon wußten, ist wieder Allgemeingut: Ohne Chemie und Kunstdünger gezogen, ist es gesünder und schmeckt besser. Die Wissenschaftler mußten zu Rate gezogen werden, und erst nach deren Bestätigung – so weit hatte man sich von der Natur entfernt – vertraute man sich der Natur wieder an, ließ sie im Garten wieder gewähren. Man suchte sein Ideal in einem naturnahen Garten zu verwirklichen und entdeckte dabei den alten Bauerngarten neu. Durch dieses Naturbewußtsein erlebt der Bauerngarten eine Renaissance.

Selten aber ist ein echter, traditioneller Bauerngarten noch erhalten und wird kultiviert. Die wenigen noch bestehenden gilt es in ihrer Gesamtheit zu lokalisieren und dabei ihren Pflanzenbestand zu erfassen. Sie sind Bestandteil des Hauses und Hofes. Zusammen mit Hecken und Bäumen bilden sie eine Einheit, die als Ganzes gesehen werden muß.

Denkmalpfleger, Behörden wie Gemeindeverwaltungen, Landratsämter und Eigentümer sollten hierfür sensibilisiert werden. Bei Straßenbaumaßnahmen, Gehwegbauten, neuerdings bei Dorfsanierungen und Dorfverschönerungen kommen die historischen Gärten immer noch zu kurz. Es wird ihnen kaum ein Augenmerk zuteil. Dies wird verständlich, fristen sie doch gut ein halbes Jahr lang ohne Vegetation unscheinbar und zurückhaltend, kaum von jemandem bemerkt, ihr Dasein.

In Hunderten von Jahren organisch gewachsene Gärten bedürfen einer stärkeren Aufmerksamkeit von seiten der Allgemeinheit. Sie sind Volksgut und Nahrungsmittellieferant. Allein schon dadurch und darüber hinaus aus ökologischen, ästhetischen und ethischen Gründen sind sie schützenswert. Ein gewachsener, natürlicher Lebensraum droht für immer zu verschwinden und bleibt sonst nur noch Erinnerung. Der eine oder andere Garten sollte aus diesen Gründen unter Denkmalschutz gestellt werden.

Bauerngärten als Bestandteil unserer alten Dorflandschaft standen für Schönheit und Harmonie wie für Tradition. Sie sind das Synonym für farbenprächtige Einheit von Nutz- und Zierpflanzen.

Winter

Die Zeit des Ruhens und Wartens

Ein fester Bestandteil des Bauerngartens ist das Beerenobst. Seit Jahrhunderten wachsen dort rote, schwarze und weiße Johannisbeeren. Da Kräuter und die meisten Gemüse keinen schattigen Standort mögen, werden Beerensträucher bevorzugt am Rand des Gartens gepflanzt. Ohne große Pflege decken sie den Vitaminbedarf der Familie.

S. 17: Der Besuch in einem Bauerngarten ist weit mehr als nur ein Spaziergang durch Großmutters Zeiten, er ist ein Gang durch die abendländische Kulturgeschichte bis hin zur Gegenwart.
Die römische Gartenkultur, die Gartenkunst der Mönche bis zum Forscher- und Entdeckerdrang von Naturwissenschaftlern haben Spuren hinterlassen.

Der Anfang vom Ende einer jahrhundertealten bäuerlichen Gartentradition wird hier wahr. Die Macht der Natur wird bei diesem Bauerngarten die Oberhand gewinnen, wenn sie nicht wieder in geordnete Bahnen gelenkt wird.

Trotz der Schneedecke sind bei diesem Bauerngarten einige charakteristische Merkmale des alten, traditionellen Gartens sichtbar geblieben: der Staketenzaun und der Hausbaum als lebendes Verbindungselement zwischen dem Garten und dem Bauernhaus.

Links: Die Früchte der Heckenrose, die Hagebutten, spielen wegen ihres hohen Vitamingehalts in der Medizin schon lange eine Rolle. Hagebuttentee wird getrunken bei Erkrankungen der Harnorgane, unzureichender Kapillardurchblutung z. B. der Haargefäße, allgemein bei Neigung zu Blutungen und bei Mangel an Vitamin C. Wegen des hohen Vitamingehalts der Früchte — sie enthalten auf 100 g frische Früchte 1700 mg Vitamin C und 5 mg Provitamin A, außerdem Vitamine der B-Gruppe, Vitamin K und Vitamin P — und anderer lebenswichtiger Inhaltsstoffe (Zucker, Gerbstoffe, organische Säuren, Pektin, ätherische Öle, Carotinoide und andere Stoffe) spielen sie als Lebensmittel eine ebenso große Rolle. Es ist ratsam, aus den Hagebutten Marmelade herzustellen, da dieses Verfahren die Vitamine mehr schützt als beim Trocknen.

Rosen gehören zum Bauerngarten wie das Salz zur Suppe. Schon im 7. Jahrhundert konnte man sie dort bewundern. Sicher dürften die ersten Exemplare heimische Wildrosen gewesen sein, die man wegen ihrer Stacheln zunächst als Schutz vor Eindringlingen als Hecke pflanzte. Unter den zahlreichen wildwachsenden Rosen – man kennt nahezu 20 verschiedene Arten – ist die Hecken- oder Hundsrose (Rosa canina), wie hier auf dem Bild, die wohl bekannteste.

Relikt eines oberschwäbischen Bauerngartens in Staig/Ulm. Beerensträucher und ein Hochstammobstbaum sind noch traditionelle Elemente. Der verwilderte Eindruck tut seiner Schönheit keinen Abbruch.

S. 24/25: Mit dem Ende des Bauerntums geht auch das Ende traditionsreicher Bauerngärten einher. Solche der Natur überlassenen Flächen werden auch heute noch von vielen Bürgern als »Schandfleck« ohne jeden Nutzen bezeichnet. Zur Rettung unserer Natur aber müssen wir uns vom Weltbild der von Chemie und Technik ermöglichten »sauberen und geordneten« Umgebung lösen und erkennen, daß »Unkraut«-Standorte wertvolle Lebensräume sind.

So wichtig Obstbäume für eine intakte Landschafts-, Dorf- und Bauernhofökologie sind, so fehl am Platz sind sie am Zaun eines Bauerngartens. Gemüse und Blumen vertragen für ein gutes Gedeihen keinen länger anhaltenden Schatten. Doch wenn es sich um einen reinen Beerenobstgarten handelt, wie hier, dann fühlen sich die Beerensträucher als Halbschattengewächse im Schutz der Bäume erst richtig wohl.

Seit altersher wurden die Gärten eingezäunt, um Schutz und Frieden zu bringen. Bis in die heutige Zeit hat sich der Staketenzaun bewährt. Er ist einfach herzustellen, wirkt ruhig, aber nie langweilig und paßt in ländliche Gegenden am besten.

Die Märzenbecher (Leucojum vernum), auch als Sommertürchen oder Frühlingsknotenblume bekannt, sind aus dem Bauerngarten nicht mehr wegzudenken. Da die Pflanzen für Gärten in der Natur immer wieder ausgegraben wurden und sich ihr Bestand wegen der äußerst langsamen Vermehrung nicht mehr erholen konnte, mußten sie unter strengen Naturschutz gestellt werden.

In verschiedenen Farben blüht der Krokus im zeitigen Frühjahr. Aus den Kulturstandorten verwildert ist der violette Krokus, auch »violetter Safran« (Crocus neapolitanus) genannt, häufig auf Bergwiesen anzutreffen.

Während der Vegetationszeit ist es ratsam, die Hühner vom Garten fernzuhalten. Der Schaden wäre sonst größer als der Nutzen. Doch in der vegetationslosen Zeit verhält es sich umgekehrt. Die Hühner fressen Schneckeneier und sorgen dafür, daß es im Frühsommer zu keiner Schneckenplage kommt.

Schneeglöckchen (Galanthus nivalis), auch Schneetröpfle hin und wieder genannt, sind als Frühlingsboten sehr geschätzt und fehlen in keinem Bauerngarten. Ihre angestammte Heimat ist der Kaukasus und Süd- und Mitteleuropa. Aus den Mittelgebirgen und den Talauen finden sie schon im frühen Mittelalter ihren Weg in die Gärten.
Im Laufe der Zeit verwilderten sie aus den Gärten wieder und breiteten sich zur Freude der Blumenliebhaber über weite Gebiete aus, wobei sie auf nährstoff- und mulchreichen Lehmböden bevorzugt anzutreffen sind. Auf Grund dieser Tatsache sind sich Experten nicht einig, welcher Bestand wild oder verwildert ist, trugen zu dem zur Verbreitung aus den Gärten Vögel und Menschen gleichermaßen bei. Der Name ist auf die frühe Blütezeit zurückzuführen.

Für Bauersleute ist der Bauerngarten eine Selbstverständlichkeit. Sie schenken ihm keine allzugroße Aufmerksamkeit. Wie sonst war es möglich, daß er fast ganz aus dem Dorfbereich verschwand? So wurde er auch von nichtbäuerlichen Menschen als Bestandteil einer gewachsenen Kulturlandschaft als eine Kostbarkeit, die es zu erhalten und neu zu beleben gilt, wiederentdeckt. Dieser Bauerngarten läßt auch bei strengem Winter Vergangenes wieder lebendig werden, gibt eine Ahnung wie es die Altvorderen im Unteren Allgäu verstanden, ihren Garten harmonisch in den Bauernhof- und Dorfbereich zu integrieren.

Beim Anblick dieser bäuerlichen Gärten leuchtet es sicher ein, daß für den Garten modern, praktisch, neu, pflegeleicht und sauber nicht weiterhin mit Schönheit gleichgesetzt werden darf. Die Beerensträucher wurden hier entlang der Hauswand angepflanzt und nicht, wie sonst üblich, am Rand des Gartenzaunes.
Schönheit, die zum Verweilen und Betrachten einlädt.

Wenn der Schnee schmilzt, ist sie da: die gelbe Narzisse (Narcissus pseudonarcissus), auch als Osterglocke oder Trompetennarzisse bekannt. Seit Beginn des 17. Jahrhunderts ist diese beliebte und haltbare Schnittblume im Bauerngarten anzutreffen. Sie gedeiht lange Zeit am selben Standort; dennoch ist es ratsam, diese alte Gartenblume im vierten Jahr nach der Blüte zu verpflanzen bzw. die zu groß gewordenen Horste zu teilen und wieder neu einzusetzen. Wenn der Gartenboden nicht zu trocken und der Standort warm und sonnig ist, dann präsentiert sie sich jedes Frühjahr mit großem Blütenreichtum.

S. 35: Fast unmerklich bricht neues Leben hervor. Es läßt den Winter enden und alles neu beginnen. Endlich nach so langer Rast und Ruh erwächst neues Leben, erscheinen frische Farben aus dem jungen Grün des Grases und Bodens. Sobald der Boden getrocknet ist, beginnt für die Bäuerin die Gartenarbeit, die nun den ganzen Sommer über anhält und erst im späten Herbst endet.

Frühling

Die Natur erwacht

Früher war die Weinberg-Traubenhyazinthe (Muscari racemosum) viel in Bauerngärten als Zierpflanze anzutreffen. Aus diesen Gärten ist sie verwildert. Inzwischen findet man sie hin und wieder in Rudeln auf kalkreichen Lehm- und Lößböden in Unkrautbeständen auf Hackfruchtäckern und im Halbtrockenrasen. Am häufigsten jedoch kommt sie, wie der Name sagt, in Weinbergen vor.

Vor rund 60 Jahren verwendete man sogar Flaschen mit dem Hals nach unten und ausgedehnte Ofenkacheln zur Beeteinfassung. Eine größere Unsitte war jedoch und ist es heute noch, Glasflaschen unbedacht in den Mülleimer zu werfen, anstatt sie umweltgerecht zu entsorgen und wiederverwerten zu lassen. In diesem Garten wird es sicher nicht mehr lange dauern, bis die Natur sich ihrer ganz bemächtigt hat und sie nicht mehr als störend empfunden werden.

S. 38/39: Die Schönheit eines Bauerngartens, die Form und Bepflanzung werden von vielen Faktoren bestimmt. Klimatische, geologische und geographische Verschiedenheiten, Lebensgewohnheiten, die Wohlhabenheit der Bauernsfamilie, der Sinn der Bäuerin für Schönheit und nicht zu vergessen ihr individueller Aufwand, der durch eine beschränkte Zeit vorgegeben ist, drücken den Charakter eines Gartens aus. In vielerlei Ausprägungen stellt er sich dar. Ein Bauerngarten in der Provence, wie hier auf dem Bild, ist eine Erscheinung eigener und besonderer Art und läßt sich schwerlich einer anderen Gegend zuordnen.

S. 39 rechts oben und Mitte: Häßliche Einzäunungen wie Maschendraht und Eisenbahnschwellen sollten, sofern sie nicht ausgewechselt werden, mit Stauden bepflanzt sein. Noch besser wäre es, wenn am Zaun entlang die Wildkräuter – vielfach noch als Unkräuter verschrien – ungehindert wachsen könnten.

S. 39 rechts unten: Schöner können Blumen mit einem Gartenzaun kaum noch harmonieren.

In früheren Zeiten spielten Bäume für den Bauern eine wesentlich größere Rolle als heute. Sie wurden sogar als heilig betrachtet. Jeglicher Baumfrevel, auch Obstdiebstahl, wurde daher streng bestraft, unter Umständen sogar mit dem Tode. Heute kaum zu glauben, aber wahr: wer Obstbäume fällte, erhielt in den fünfziger Jahren Prämien.

Früher – wie heute – standen die Obstbäume außerhalb des Bauerngartens, selten als einzelne Bäume sondern in Reihenpflanzung. Der grasbewachsene Obstgarten schloß sich oft direkt an den Bauerngarten an. Zur Anpflanzung kamen nur Hochstammobst, das in erster Linie der Selbstversorgung diente.

Apfel, Birne, Pflaume und Kirsche kennt man schon seit alters her im Obstgarten. Das Capitulare de villis... von Karl dem Großen (742—814 n. Chr.) führt sie ebenfalls auf. Im Laufe der Zeit nahm die Sortenvielfalt an starkwüchsigen Hochstammobstbäumen immer mehr zu. Im Jahre 1839 werden in einem Handbuch für Obstbau 878 verschiedene Apfelsorten aufgeführt und beschrieben.
Viele, altbewährte Lokalsorten sind durch den intensiven Obstanbau und der damit einhergegangenen Sortenbereinigung vernichtet worden oder in Vergessenheit geraten und mit ihnen eine kulturelle Leistung vieler Jahrhunderte. Dank der Tatsache, daß Hochstammobstbäume in ihrer Vielfalt ein Gewinn an Abwechslung und Nützlichkeit sind, einschließlich ihrem natürlichen Unterbewuchs, zur ökologischen Stabilität der Umgebung beitragen und uns als genetisches Reservoir auch für die fernere Zukunft zur Verfügung stehen sollten, werden alte, bewährte Sorten wieder hoffähig.

Artgerechte Hühnerhaltung war früher eine Selbstverständlichkeit. Die Hühner durften im Hofraum, in den angrenzenden Obstbaumwiesen und Feldern frei umherlaufen.

Wo gibt es noch solche »vernachlässigten«, ursprünglichen Dorfgebiete? Im Süden Deutschlands kann man einer solchen »Welt von gestern« noch hin und wieder begegnen. Das Pflanzenkleid früherer Dörfer umfaßte die gesamte Dorfflora. Die typische Dorfvegetation ist heute durch Aktionen wie »Unser Dorf soll schöner werden« fast gänzlich verschwunden. Asphaltierte Wege ohne jedes Grün in den Spalten haben sie aus ihren angestammten Revieren vertrieben. Auf andere Lebensräume konnte sie nicht ausweichen. Nicht einmal auf dem Friedhof, einst als »letzter Garten« gepriesen.
Die natürliche Ursprünglichkeit muß ins Dorf wieder zurückkehren.

S. 44/45: Trotz der Höhenlage des Gartens – zirka 1000 Meter – gedeihen der Buchs, die Blumen wie auch das Gemüse prächtig. Dieser Bauerngarten wird seit Generationen von der Familie Ruf, »Ignazhäuslehof«, St. Märgen im Schwarzwald nach altem Brauch gepflegt. Ihr Leitspruch lautet: »Man muß für das Neue aufgeschlossen sein und dennoch das gute Alte bewahren«.

Die Tulpe fehlt heute in keinem Bauerngarten, doch bis sie dort heimisch wurde, war ein weiter Weg. Aus Konstantinopel brachte sie der Gesandte des Kaisers Ferdinand II., Angerius Ghislenius Busbequius seinem Freund, dem Ratsherrn Johann Heinrich Herwarth nach Augsburg. Dort wurde sie gehütet und bestaunt. Als der Arzt und Botaniker Carolius Clusius Tulpenzwiebeln erhielt, begann ihr großer Aufschwung. Er züchtete und verkaufte sie in mehreren Sorten. Ja, sogar aus seinem Garten wurden sie gestohlen. Der Weg nach Holland und in die Bauerngärten war frei.

Gefüllt blühende Tulpen erschienen 1613 erstmals; Ende des 17. Jahrhunderts waren bereits 300 Sorten bekannt, und heute sind es zigtausend Varianten. Bei all dieser Sortenvielfalt sollten im Bauerngarten einfache, früh- bis spätblühende Tulpenarten stehen. Die Gartentulpe (Tulipa gesnerana) mit ihren gestreiften Blüten ist sehr alt. Zur Zeit des Dreißigjährigen Krieges war sie bereits bekannt. Die einfache, frühe Tulpe (Prinz von Österreich) mit ihrer orangefarbenen Blüte eignet sich ebenfalls gut. Alle mögen viel Sonne.

Früher gab es für die Bauern nur wenige Gründe, einen Spalierobstbaum an der Giebelwand des Wohnhauses oder des Stallgebäudes zu pflanzen. Er sollte einerseits die Hauswand schmücken, andererseits die Familie mit frischem Obst versorgen.
Heute jedoch, in Zeiten starker Umweltverschmutzung, einer maßstabslos und unwirtschaftlich gewordenen Lebensumwelt wird er wieder neu entdeckt. Zusätzliche Gründe, an der Hausfront Spalierobst zu ziehen sind heutzutage: mehr Schönheit und Natur kommt in unsere Umwelt. Spalier wird als Schallschlucker benötigt, verbessert das Klima am Haus und in dessen näherer Umgebung. Nicht zu unterschätzen ist die Wärmedämmung der Blätter, ihre staubbindende Wirkung, die Verbesserung der Luft durch Aufnahme von Kohlendioxid, Abgabe von Sauerstoff und Verdunstung von Wasser, und man schafft Lebensraum für zahlreiche Tiere. Es gibt also immer einen Grund, die Hauswand zu begrünen. Sauerkirsche, Pfirsich, Aprikose und Wein eignen sich als Spalierobst.

Sich für die Natur im Garten zu entscheiden, bedeutet: zum Ungekünstelten und Ursprünglichen zurückzukehren. Einen gewissen Zustand an Verwilderung mit einheimischen Pflanzen zu tolerieren. Dies trägt dazu bei, den Bauerngarten in seiner Funktion als Schutzraum für Natur und Umwelt wieder stärker ins Bewußtsein zu rücken. Ihn so zu nutzen, hilft, den Bauerngarten und darüber hinaus Haus- und Kleingärten als Überlebensraum für viele vom Aussterben bedrohte Pflanzen- und Tierarten werden zu lassen.

S. 48/49: Selten ist ein echter, alter Bauerngarten noch erhalten und wird kultiviert. Wenn die Zerstörung dörflicher Strukturen aber so weiter geht, dann werden solche Anblicke in Zukunft nur noch im Museum zu bewundern sein. Der Blick auf diesen Garten im Südschwarzwald macht deutlich, was einem traditionellen, bäuerlichen Garten sein charakteristisches Aussehen gibt: das einfache Wegenetz, die Buchseinfassungen der Beete und der Staketenzaun. Doch drei andere Merkmale beschreiben ebenso treffend die Szenerie eines althergebrachten Bauerngartens, heute wie vor Hunderten von Jahren: nützlich, schön und praktisch. Beide Kriterien treffen auf den abgebildeten Garten zu.

Sträucher, Blumen und Wildkräuter in harmonischem Zusammenspiel mit dem Staketenzaun als einer Stätte der Erinnerung und Horts alter Tradition. Alles in sich vereint ist Zierde für das Bauernhaus und von hohem Nutzen für Mensch und Tier.

Auch dies hier ist ein Bauerngarten, obwohl ihm die klassischen Elemente wie Buchshecke, Wegekreuz und Rondell fehlen. Der Staketenzaun ist das einzige, was ihm an Charakteristischem geblieben ist. Er scheint nicht einmal eine rein praktische Einteilung zu haben, wie viele unkonventionelle Bauerngärten besitzen. Es handelt sich um den Bauerngarten einer Kleinbauernfamilie im Hohenlohischen, bei dem die Bäuerin den Kampf gegen die Natur aufzugeben scheint. Zum Einpflanzen von Gemüse und Salat hat es allem Anschein nach nicht mehr gereicht. Aber: was paßt, wächst auch von alleine.

Mohnblüten, zart wie Schmetterlinge. Diese Sonnenkinder blühen am schönsten, wenn es warm ist und die Sonne scheint. Wenn man einen Blumenstrauß pflückt, der Mohn sich in der Vase länger halten soll, dann sollte man ihn im knospigen Zustand schneiden und dann die Stielenden etwa 20 Sekunden in kochendes Wasser tauchen. Mohn läßt sich am besten aus Samen ziehen. Der zweijährige Islandmohn (Papaver nudicaule) wird im Mai/Juni ausgesät, direkt an Ort und Stelle. Er wird 20 bis 40 cm hoch und blüht von Mai bis September.

Dieser blumengeschmückte Garteneingang in der Provence läßt darauf schließen, daß auch im Garten der Nützlichkeitsgedanke nicht vorherrscht, sondern daß er nur der Schönheit dient.

S. 54 oben: Der Gartenzaun ist um so natürlicher, je schlichter die Holzlatten sind. Wenn Holz mit Rinde verwendet wird, erhalten Marienkäfer, Schlupfwespe und unzählige andere kleine Lebewesen Unterschlupf und Platz zum Leben.

S. 54 unten: Wer sich Zeit nimmt, seinen Garten mit Muße zu betrachten, wird erstaunt sein, was sich in den heranwachsenden Wildkräutern und Blumen alles zur Blüte entfaltet.

Bereits im 9. Jahrhundert wurden Kräuter in den Klostergärten kultiviert. Man kannte damals schon 30 verschiedene Arten, die alle in der Heilbehandlung Verwendung fanden. Von dort gelangten sie in die Bauerngärten, wo sie auch schon seit über 1000 Jahren wachsen: ebenfalls als Helfer in der Not, bei Krankheiten und außerdem zum Würzen von Speisen, als wichtige Zutaten für schmackhafte Gerichte.
Man kennt heute Heil-, Duft- und Würzkräuter als ein- bzw. zweijährige und ausdauernde Kräuter. Wenn der Standort, der Boden und die Nachbarschaftspflanzen ihren Ansprüchen genügen, dann gedeihen sie in jedem Bauerngarten gut.
Das Bild zeigt die Winterheckezwiebel, Winterzwiebel, Röhrenlauch (Allium fistulosum), im bayerischen Schwaben auch Schnattre genannt. Es handelt sich um eine Schnitt- oder ewige Zwiebel. Sie ist winterhart, mehrjährig und wird ab April ausgesät. Ihr Stammland dürfte Sibirien sein, von wo sie im 17. Jahrhundert nach Europa kam.

Aus dem Bauerngarten fast nicht mehr wegzudenken ist der Rittersporn, der als Gartenrittersporn (Delphinium ajacis) seit dem 16. Jahrhundert, aus dem Mittelmeerraum stammend, in den Bauerngärten anzutreffen ist. Heute kennt man ihn in verschiedenen Sorten und Farben, vor allem in unterschiedlichen Blautönen, rosa und weiß. Neben einfachblühenden Arten haben sich dichtgefüllte durchgesetzt. Sie werden bis zu einem Meter hoch und auch darüber hinaus und blühen von Juli bis August. Bevorzugen sonnige Standorte und lockere, humose Böden.
Eine besonders auffällige Erscheinung ist Delphinium x belladonna »Völkerfrieden«, wie hier auf dem Bild, die bei normalem Sonnenstand hellblaue Blüten hat.

Dieses Bild eines Bauerngartens am Rande des Nordschwarzwaldes zeigt deutlich, daß es den klar zu definierenden Bauerngarten schlechthin nicht gibt. Hier der eines wohlhabenden Bauern; die Einteilung im Garten: einfach und praktisch.

Bauerngärten sind das Gegenteil zu den geradegetrimmten Vorgärten in Einheitssiedlungen, das Gegenstück zu den kurzgeschorenen, leblosen Rasen im internationalen Einheitsgrün, den einfallslosen Tulpen- und Rosenbeeten, den exat geschnittenen Hecken, den Exoten im Garten. Sie sind lebensbejahender Kontrast zu diesen Schauflächen der Einfallslosigkeit und Unnatürlichkeiten, dieser ganzen gepflegten, häßlichen Künstlichkeit.

Holzzäune, insbesondere aus Staketen, stehen dem Bauerngarten am besten zu Gesicht. Die Latten sollten mindestens 1,30 Meter hoch und naturbelassen sein. Wenn das Holz nicht gestrichen wird, so erhält es mit der Zeit einen silbergrauen Verwitterungston. Soll das Holz imprägniert oder angestrichen werden, nimmt man am besten natürliche, umweltfreundliche Holzbehandlungs- bzw. Anstrichmittel, wie sie im Handel seit geraumer Zeit angeboten werden.

Blumen, Gräser und Kräuter sollten als Begleitflora am Gartenzaun stehen bleiben. Diese Pflanzen müssen eine Chance bekommen, sich mit dem Zaun zu verbinden. Sie machen ihn lebendig und darüber hinaus auch schön.

Nicht immer liegt der Bauerngarten gleich unmittelbar am Haus und verbindet sich mit der Weinrebe in solch harmonischer Weise. Der Wildwuchs des Weins vor den Fenstern läßt darauf schließen, daß das alte Bauernhaus nicht mehr bewohnt ist. Als Kletterhilfen sind Spanndrähte an der Hausfront angebracht worden.
Unsere Vorfahren wußten, was Untersuchungen neuerdings bestätigen, daß Kletterpflanzen mit ihren Trieben und Wurzeln an Gebäuden und Fundamenten keinen Schaden anrichten. Der Bewuchs bringt neben ökologischen Nutzen erhebliche bauphysikalische und energetische Vorteile mit sich.

S. 63: Aus seiner angestammten Heimat Süd-, Südosteuropa und Kaukasus gelangte 1858 der Punktierte Gilbweiderich (Lysimachia punctata), auch Tüpfelstern oder Goldfelberich genannt, als Zierpflanze zu uns in die Bauerngärten. Hier erfreut sich diese anspruchslose Staude — zumindest in Süddeutschland, auf der Schwäbischen Alb, in Oberschwaben und im Alpenvorland — großer Beliebtheit. Ihr bevorzugter Standort sind feuchte und humose Böden. Er breitet sich durch unterirdische Ausläufer binnen weniger Jahre zu dichten Beständen aus.
Von Juni bis in den August hinein verschönert die bis zu 80 cm groß werdende, robuste Staude mit ihren hellgelben, trichterförmigen Blüten, die dicht in den Blattachseln der Stengel sitzen, unsere Gärten.

Sommer

Üppiges Wachsen und Gedeihen

Hauswände sind der ideale Lebensraum wärmeliebender Pflanzen und Tiere. Besteht die Hauswand dann noch aus Natursteinen, wie bei diesem Bauernhaus in der Bretagne, dann harmonieren Blumen, wie hier die Hortensie und die Stockrose bzw. Stockmalve (im Volksmund auch Roter Eibisch, Halsrose, Baummalve, Pappelrose genannt) besonders gut.

S. 64 oben: Werden Betonmauern zum Abstützen des Geländes errichtet und ein häßlicher Maschendraht zur Einzäunung verwendet, dann ist es angebracht, die Mauer und den Zaun mit Blumenstauden, Kletter- oder Topfpflanzen zu beleben. Die Blumentöpfe sollten aber aus natürlichem Material bestehen.
S. 64 unten: Die Pflanzenwelt des Gartens muß nicht abrupt an der Eingrenzung enden. Der Übergang in eine natürliche Umgebung sollte möglichst fließend stattfinden.

Die Rose gilt als die Königin der Blumen, mit einer im Altertum begründeten Symbolbedeutung. Sie wird u. a. mit dem Martyrium Christi in Verbindung gebracht. Die Sorten vergangener Jahrhunderte werden heute wiederentdeckt. Sie blühen noch genauso wie vor Hunderten von Jahren, ebenso lange verbreiten sie ihren wundervollen Duft. Im einzelnen sind es die Zentifolie (Rosa centifolia), wohl die bekannteste unter diesen »altmodischen Bauerngartenrosen«, die Essigrose (Rosa gallica), die Damaszener Rose (Rosa damascena), die Weiße Rose (Rosa alba »semiplena«, syn. »Suaveolens«), die Bibernellrose (Rosa pimpinellifolia) und Kartoffelrose (Rosa rugosa), um nur einige der bedeutendsten zu nennen. Das Bild zeigt eine Zentifolie.

Auch im Gemüseanbau nimmt der Bauerngarten die Natur zum Vorbild. Das bedeutet aber nicht, daß alles wie »Kraut und Rüben« wachsen darf. Im Gegenteil, die Pflanzengemeinschaften werden sinnvoll aufeinander abgestimmt.

Das Gartenlöwenmaul (Antirrhinum majus), dessen Heimat Südeuropa ist, hat die Bauerngärten im 16. Jahrhundert erobert. Aus der kleinblütigen Urform bildeten sich großblütige Sorten heraus in einem vielfältigen Farbenspiel und mit unterschiedlicher Wuchshöhe. Im allgemeinen ist die Blume einjährig, in besonders warmen Gegenden jedoch auch mehrjährig. Sie eignet sich besonders gut zur Mischung mit anderen einjährigen Blumen. Theophrastus Erresias berichtet im 3. Jahrhundert v. Chr., daß derjenige »guten Ruf« bekäme, welcher sich mit dem Löwenmäulchen »anthirrinon« salbe. Für die Liebeszauberei und gegen alles Böse muß es immer wieder herhalten.

In der Gründerzeit, dem Ausgang des 19. Jahrhunderts, zierten oft kunstvoll geschmiedete Zäune die Bauerngärten. Inzwischen sind sie fast ganz verschwunden. Unverhofft trifft man noch gelegentlich auf solch ein Schmuckstück vergangener Tage. Hinter diesem Zaun aus Lanzen, Schnörkeln und Herzen auf einem Betonsockel, überzogen mit einer grünen Patina aus Moos, eine Fülle rotblühender Stockrosen.

Schmuck an einem Bauernhaus in den Vogesen. Bauerngartenpflanzen mußten ehemals vor allem nützlich sein, Topf- und Fensterpflanzen dagegen ausschließlich schön. Man bevorzugte ausländische Gewächse, in dem Glauben, daß diese dem Schönheitsideal am nächsten kämen. Pelargonien, Fuchsien, Begonien, Petunien, Balsaminen waren beliebte Balkonpflanzen, und sie sind es auch heute. Für den Blumentopf kamen in Betracht: die Fuchsie, die aufrechte Geranie, die Glockenblume, Hortensie, Oleander, Passionsblume, Rundblättrige Fetthenne, Schmucklilie, Spindelstrauch, Zierspargel, um nur einige zu nennen. Einheimische Pflanzen sind so gut wie nicht vertreten. Unsere Vorfahren kannten den Hausschmuck in solcher Üppigkeit, manchmal Aufdringlichkeit, wie er heute anzutreffen ist, nicht. Erst in unserem Jahrhundert wurde der Blumenschmuck am Haus allgemein üblich. Inzwischen wetteifern Bäuerinnen um den schönsten; öffentlich ausgeschriebene Wettbewerbe lassen ihn wichtiger erscheinen als den Garten.

Ist die Lage des Gartens direkt am Wohnhaus, dann ist es gut, Erde vor der Hauswand zu belassen, damit der Fuß des Hauses bepflanzt werden kann. Mit Blumenschmuck und Kletterpflanzen erhält es ein lebendiges Gesicht. Schön und nützlich ist dieser Zierat.

Ein Bild aus einer anderen Zeit und einer anderen Welt, das Gleichgewicht zwischen einem in traditioneller Art angelegten Bauerngarten, menschlicher Arbeit und der umgebenden Natur verkörpert. Dieser Garten wurde in Slowenien angelegt, ist aber auch dort in solch harmonischem Zusammenspiel mit der Natur sehr selten anzutreffen.

Bauerngärten können erstaunlich einfach sein, ebenso aber vielfältig und üppig. In den Bergen sind sie naturgegeben eher karg. In fruchtbaren Gegenden, wo der Bauer wohlhabender ist, übertreffen sie immer wieder alle Erwartungen. Die einfache äußere Gestalt dieses Gartens in Nordwestjugoslawien läßt es leicht verstehen, daß der Bauerngarten möglicherweise die erste Form der direkten Landnutzung durch den Menschen darstellt, da behauptet wird, daß er älter sei als die Viehwirtschaft und der Ackerbau. Das Land bedurfte ja nur eines Zaunes, und schon war diese urtümliche Form der Landnutzung ein Bauerngarten.

Früher errichtete man zur Böschungssicherung und Terrassierung des Gartens, Hofraums, des Ackers und steiler Weinberge Trockenmauern. Mauern, die ohne Mörtel, also »trocken« aufgebaut werden. Der wahre Wert solcher Mauern wird erst heute richtig erkannt. Die Mauern speichern Wärme; in den Lücken und Nischen siedeln sich Tiere und Pflanzen an wie Flechten, Moose, Blumen, Mauerbienen, Grabwespen, Ameisenlöwen, Spinnen, Eidechsen, Vögel und andere Kleintiere.

Dieser Garten liegt in der Bretagne. Ein Garten, in dem die unterschiedlichsten Blumen und Farben ineinander aufgehen, in dem Gemüse und Kräuter sich gegenseitig schützen. Ein Garten, der wilde Schönheit mit nützlicher Ernte verbindet – ein natürlicher Lebensraum, der fasziniert.

Der Wert alter Gemäuer darf nicht unterschätzt werden. Flechten und Moose, die sie langsam überziehen, sind nützliche Begleitflora, ebenso Wildkräuter, die am Fuß der Mauer wachsen. Wenn das Ganze nach unserem heutigen Schönheitsverständnis als schlampig und heruntergekommen betrachtet wird, so ist es dennoch von Nutzen und sollte wieder zum Bild eines ökologisch gesunden Dorfes gehören.

S. 75: Frischgepflanztes Gemüse und Blumen müssen häufig gegossen werden, damit alles gut gedeihen kann. Das lebensspendende Wasser sollte aber nicht aus der kalten Leitung kommen, denn das schockt die Pflanzen. Abgestandenes, leicht erwärmtes Regenwasser, das kalkfrei ist, mögen sie besonders gern.

Auf der Landesgartenschau in Dinkelsbühl 1989 konnte man einen Flechtzaun aus Weidenruten bewundern. Er war im frühen Mittelalter bereits weit verbreitet.

Erinnerungen an längst vergangene Zeiten werden beim Anblick dieses Bauerngartens mit altem Backhaus geweckt. Genaueres Hinsehen läßt jedoch erkennen, daß der Dreiklang von Schönheit, Zweckmäßigkeit und Nützlichkeit gestört ist. Die Schönheit rangiert weit vor der Nützlichkeit. Die Vielfalt an Gemüse ist auf der Strecke geblieben. Das, was die Bäuerin für sich selbst braucht, pflegt sie im Garten hinten im Hofraum. Der hier abgebildete Garten liegt an der Straße, gut einsehbar. In ihm kann sie ihr ganzes gärtnerisches Talent und ihren Sinn für Ästhetik voll ausleben und zur Geltung bringen.

Oben: Die bäuerliche Gartenbewirtschaftung kannte bereits im Mittelalter den Garten- oder Schlafmohn (Papaver somniferum L.). Der Anbau größerer Mengen ist wegen des Mißbrauchs (Opium) nach dem Betäubungsmittelgesetz verboten. Wer sich heute wieder nach den Mondphasen richtet, wie es früher üblich war, der weiß, daß Mohn bei abnehmendem Mond zu säen ist, denn bei zunehmendem kommt er zwar zu einer schönen Blüte, jedoch kümmert die Frucht.
Unten: Einfach der Schönheit wegen, werden heute Blumen in den Bauerngarten gepflanzt. Zu Beginn des 17. Jahrhunderts taucht aus Mexiko die Sonnenblume auf. Schon seit dem Altertum schätzt man die Ringelblume als Heilpflanze. Hildegard von Bingen nennt sie in ihrer »Physica« »Ringula«. Ebenfalls einen festen Platz haben die Vexiernelke (Lychnis coronaria) und unterschiedliche Zwiebelgewächse (Allium spp.).

Oben: Es ist erstaunlich, daß bei der Fülle von Modeblumen sich noch alte, ursprüngliche Sorten halten konnten. Zu den Alteingesessenen gesellten sich aus Mexiko das beliebte Schmuckkörbchen, auch als Kosmee (Cosmea bipinnatus) bekannt, in Süddeutschland weitverbreitet.
Unten: Im 18. Jahrhundert kam die farbenfrohe Gartenstrohblume (Helichrysum bracteatum) aus Australien in den Bauerngarten. Von ihr gibt es mehrere Sorten, halb- und vollgefüllte, in unterschiedlichsten Farbnuancen. Die bis zu 80 cm hochwerdenden Blumen eignen sich besonders gut für Trockensträuße.
Dieser Garten links dokumentiert sehr eindrucksvoll die Form und Bepflanzung von Bauerngärten in Hohenlohe gegen Ende des 19. und Anfang des 20. Jahrhunderts. Der Garten wurde im Freilandmuseum Schwäbisch Hall-Wackershofen neu angelegt.

Dieses Bild zeigt einen Ausschnitt aus einem in traditioneller Art angelegten Garten des Bauernhofmusems Illerbeuren im Unteren Allgäu. Der mit groben Wackersteinen eingesäumte und bekieste Weg und die mit Gemüse und Blumen bepflanzten Beete lassen erahnen, welch große Gartenkultur sich hinter solchen Gärten verbirgt.

In keinem Bauerngarten fehlt der Dill (Anethum graveolens), der im Volksmund auch Gurkenkraut, Dull-Dill, Hexenkraut, Kapperkraut, Murkenkraut heißt. Seit urdenklichen Zeiten weiß man ihn als Heil- und Küchenkraut zu schätzen. Aus Vorderasien ist er durch die Römer und Mönche zu uns über die Alpen gekommen. Im Volksaberglauben gilt dieses starkriechende Kraut als dämonenvertreibend.
Aus dem Mittelmeerraum kam auch die Petersilie (Petroselinum crispum). Man kennt sie auch als Peterle, Peterzilk, Silk, Suppenkraut, Peterling, Bittersilche, Grönte. Seither ist sie als Heil- und Gewürzpflanze hochgeschätzt. Sie wirkt blutreinigend und entwässernd und ist sehr vitaminreich.

Trotz der Menge an Wildkräutern und Ringelblumen (Calendula officinalis) ist dieser Garten mehr als nur ein klassischer Bauerngarten. Er ist Lebensraum für so manche Pflanzen und Tiere, und das macht ihn erst wertvoll und zu einem kleinen Paradies. Es handelt sich um den in seiner Struktur gut erhaltenen Bauerngarten des Gasthofes »Falken« in Oberscheffach/Hohenlohe.

Dieses Bild und das folgende zeigen denselben Bauerngarten. Er liegt bei Weißenbach a. d. Triesting in Österreich. Wenn der Rationalisierungs-, Intensivierungs- und Kostendruck auf die Landwirtschaft nicht nachläßt und dadurch der Bäuerin noch weniger Zeit für die Bewirtschaftung ihres Gartens übrigbleibt, er einem Silo, Güllebehälter oder Fuhrpark weichen muß, dann lebt auch dieser althergebrachte Bauerngarten mit seiner aus einfacher Ordnung erwachsenen Schönheit bald nur noch in der Erinnerung fort.

Bäuerliche Gärten waren früher auf dem Dorf etwas Selbstverständliches; sie waren alltäglich. Niemand kam auf die Idee über diese ländlichen Gärten etwas zu schreiben, geschweige sie zu malen. Leise, für viele Dorfbewohner ganz unmerklich, verschwanden sie aus dem Blickfeld. So ist es ein Glücksfall, wenn man noch einem typischen Bauerngarten begegnet. In seiner klassischen Anlage mit Weggeviert, Buchs, Staketenzaun und Laube leitet sich dieser Bauerngarten aus dem Hohenlohischen von herrschaftlichen und bürgerlichen Gärten ab. Wenn nun doch einmal ein altes Dokument über einen Bauerngarten erhalten ist, dann beschreibt auch dieses nur den eines wohlhabenden Bauers. Über die Arme-Leute-Bauerngärten ist so gut wie nichts überliefert.

Ein Stück heimeligen Zaubers verspricht dieser lebende Garteneingang. Der Torbogen aus Hartholz ist von Clematis-Hybriden umrankt. Auch andere Kletterpflanzen wie Geißblatt, Jelängerjelieber (Lonicera caprifolium), Kletterrosen, Efeu (Hedera helix), echter Wein (Vitis vinifera), Trompetenblume (Campsis radicans, Campsis grandiflora), Blauregen, Glyzinie (Wisteria sinensis) und als einjährige Kletterpflanzen: Kapuzinerkresse (Tropaeolum majus), Trichterwinde (Ipomoea purpurea, Ipomea tricolor), Glockenrebe (Cobaea scandens), Edelwicke (Lathyrus odoratus), Schwarzäugige Susanne (Thunbergia alata) eignen sich gut.

Mancherorts ist die Idylle auf dem Bauernhof noch Wirklichkeit. Doch, was an lebendiger, gewachsener Schönheit blieb, ist zu wenig. So stimmen Bilder wie diese eigentlich traurig. Erinnern sie doch daran, daß unsere Dörfer verstädtert, die Bauernhöfe bis zum Fuß der Hauswand versiegelt sind. Was fehlt, ist nicht die künstliche Vielfalt, sondern die natürliche, die dorfspezifische Ruderalflora. Wir brauchen eine intakte, reich strukturierte, belebte Bauernhoflandschaft. Darin können Wildkräuter wieder nutzbringend einwirken: über komplizierte biologische Verknüpfungen auf die angrenzenden landwirtschaftlichen Nutzflächen, die Kultur- und Erholungslandschaft und ihre Tierwelt.

Die Rose ist eine alte Leitpflanze im Bauerngarten. Ursprünglich hielt man sie als reine Nutzpflanze wegen ihrer Heilkraft. Sie wurde den Bauern bereits im Capitulare de villis... (ca. 800 n. Chr.) zur Anpflanzung im Garten empfohlen. Seitdem war sie in allen Bauerngärten anzutreffen.

Hier könnte man meinen, daß der Bauerngarten nur mit hoch aufgewachsenen Blumen, wie der Kosmee und Gräsern bepflanzt worden ist, damit die abbröckelnde Giebelfront nicht allzu sehr ins Auge sticht.

Kräuter und Blumen in einer geschaffenen Ordnung: Nutzen und Zierde zugleich. Die Sammetblume, Studentenblume, auch als Stinkende Hoffahrt bekannt, gibt es in reicher Auswahl als Tagetes erecta und -patala-Hybriden. Diese meist gefüllten Sorten haben sich aus der einfachen Wildform entwickelt, die 1537 von Mexiko kam. Als Einjahresblume mit sehr langer Blütezeit eignen sich die niederen Sorten zur Einfassung von Beeten, die höheren zur Gruppenbepflanung zwischen Stauden.
Wegen ihres stark aromatischen Duftes ist die farbenprächtige Tagetes nicht bei jedem beliebt, aber trotzdem im Bauerngarten volkstümlich geworden.

Was wir in den Dörfern brauchen, sind individuell gestaltete Gärten. Gärten, die nicht weg von der Natur, sondern hin zur Natur führen. Ein Weg von vielen, der uns dorthinführt, ist der über den Bauerngarten. Wenn wir die Tradition unserer Vorfahren wieder pflegen, dann helfen wir mit, daß diese natürliche intakte Gartenwelt durch das neue Naturbewußtsein eine Renaissance auf breiter Basis erleben wird.

Da, wo es die Lage zuließ, waren Hof und Garten viele Jahrhunderte lang eine Einheit und sollten als Ensemble auch weiter fortbestehen. Dies muß auch den Denkmalschützern bewußt werden.

S. 94/95: Ein Bauerngarten, wie er typischer für unsere heutige Zeit nicht mehr sein kann. Die Blumenfülle hat das Gemüse verdrängt. Es wird heute günstig im Supermarkt angeboten. Über einen langen Zeitraum jedoch mußte der Garten den Bedarf für die Küche decken. Doch im Laufe der Zeit kamen mit dem Wohlstand und dem Sinn für Ästhetik auch die Blumen in den Garten. Diese Veränderungen gingen so weit, daß man zumindest in typischen Urlaubsgebieten fast nur noch optisch getrimmte Bauerngärten findet, bei denen die meisten Blumenstauden schon außerhalb des Gartens wachsen. Sie suggerieren dem Betrachter eine falsche Vorstellung von dem, was eigentlich ein echter Bauerngarten ist. Der auf der vorangegangenen Doppelseite abgebildete Bauerngarten liegt im Großen Lautertal/Schwäbische Alb.

Wenn die ausgewogene Einheit von Nützlichkeit, Schönheit und Zweckmäßigkeit gestört ist – hier in Richtung reiner Nützlichkeit – dann präsentiert sich der bäuerliche Garten als ein ausgeprägter Gemüsegarten. Zum Betrachten bleibt weniger, zum Ernten desto mehr.

Es genügt nicht, wieder neue Lebensräume für Pflanzen und Tiere nur draußen in der Landschaft neu zu schaffen und zu erhalten. Das Dorf gehört ebenso dazu. Hier bietet sich u. a. die Neuanlage von Bauerngärten ursprünglicher Art an. Wenn dort dann auf allzu akkurate Arbeit keinen Wert gelegt wird und die Zeit dazu oft auch fehlt, dann entsteht ein neuer Biotop für Pflanze und Tier zum Nutzen der Umwelt, zu der auch der Mensch gehört.

Auf dem Lande hatte man früher ein natürliches Gottvertrauen. Dieses bewog manche Bauersfamilie, sich ein Bittkreuz in den Garten zu stellen. Nach getaner Arbeit verrichtete man das Gebet und erhoffte sich reichen Erntesegen. Dieser Garten liegt bei Weißenbach a. d. Triesting in Österreich.

Praktisch überall im Garten ist die Ringelblume (Calendula officinalis) zu Hause. Aus Asien und Südeuropa kam sie im frühen Mittelalter wegen ihrer Heilkraft zu uns. Karl der Große sorgte durch die Landgüterverordnung für ihre Verbreitung, da schon seit dem Altertum bekannt war, daß die Pflanze entzündungshemmend und wundheilend wirkt. In der Volksmedizin wurde die Ringelblume bei Geschwüren, Brandwunden, Quetschungen, Frostbeulen, offenen Beinen, bei Krebsleiden und Brechreiz, gegen Eingeweidewürmer und Gelbsucht sowie bei Rotlauf von Schweinen eingesetzt. Sie wird auch noch heute als Heilsalbe verwendet. Der Volksmund kennt sie unter Engelröschen, Weinblume, Wucherblume, Goldrose, Gilke, Goltje, Gölling, Ziegelblume, Sonnenblume, Marienrose, Stinkblume und Ringelrose. Viele Samen, die sich selbst verstreuen, verhelfen ihr, daß sie nicht mehr so leicht aus dem Bauerngarten vertrieben werden kann, stellt sie doch auch keinen Anspruch an Standort und Boden. Im Garten schätzt man sie als ganzjährige Begleitpflanze von Rosen, Stauden und Gemüse wegen ihrer nematodenhemmenden Wirkung.

Herbst

Reife und Erntezeit

Gartenfuchsschwanz, Studentenblumen, Dahlien, Chrysanthemen, Astern. Reiches Blühen auf engstem Raum. Dieser Bauerngarten ist Wunschbild und Realität gleichermaßen. Dem Zeitgeist des übertriebenen Ordnungssinns erlegen, haben solche Hochgenüsse leider Seltenheitswert.

S. 101: Auch beim Gemüse nimmt der Bauerngarten die ungeschädigte und unverdorbene Natur zum Vorbild. Nirgends unbedeckter, unbewachsener Boden. Die Zeit scheint bei diesem Garten stehengeblieben zu sein. Wie in früheren Zeiten wächst außer Kohl kein anderes Gemüse, obwohl die Auswahl heute größer ist denn je.

Die Gebirge Mexikos und Guatemalas sind die Heimat der Dahlie (Dahlia variabilis), auch Georgine genannt. 1789 gelangte sie zu uns und wurde heimisch. Alle Kreuzungen sind auf diese knollenbildende Stammart zurückzuführen. Niedrige Sorten, langblühende Gruppenpflanzen, hohe für den Schnitt haben sich durch vielfältige Kreuzungen herausgebildet. Schmuck-, Ball- und Kaktusdahlien sind dabei entstanden. Auch die Pompondahlien (Dahlia pinnata) mit ihren roten, gefüllten Blüten sind seit langer Zeit in den Bauerngärten anzutreffen. Sie verbreiten ein etwas altmodisches Flair und werden deshalb von Experten empfohlen. Zum Überwintern müssen die Knollen ausgegraben und in einen feuchten Keller gebracht werden, um sie vor Frost und dem Austrocknen zu schützen.

Nur ein kurzes Leben ist der Kapuzinerkresse (Tropaedum majus, T. minus) beschieden; sie ist eine einjährige Sommerblume. Aus Peru und Kolumbien brachten spanische Eroberer sie im 17. Jahrhundert nach Europa. In bäuerlichen Gärten ist sie seitdem nicht nur als Zierpflanze zu finden, sondern auch zu Heilzwecken wird sie dort gehalten.

Schön, aber nicht von großem Nutzen, ist das rote Farbenmeer. Dieser Bauerngarten ist kein lebendes Ökosystem. Er ist ein typisches Beispiel unserer auf Äußerlichkeiten bedachten Zeit.

Es ist eine Unsitte, verwelkte Blüten immer gleich abzuschneiden, in der Überzeugung, daß nur blühende Blumen schön seien. Das Blumenleben ist kurz, das der Kosmee dauert nur ein Jahr. Das Verwelken gehört wie die Knopse zum Leben der Blume. Man sollte sie daher im Herbst ruhig verblühen lassen.

Die Heimat der dunkelroten, gelbgerandeten Kokardenblume (Gaillardia aristata) ist Mittel- und Nordamerika. Als unermüdlicher Sommerblüher hat die bis zu 75 cm hoch werdende Blume die Gärten schnell erobert.

Vielfältiger Artenreichtum althergebrachter Pflanzen in natürlicher Zusammenfindung. Ein natürlicher Lebensraum, Zufluchtsstätte für Wildkräuter und Kleintiere.

Das Fachwerk dieses Ausgedinghauses in der Nähe von Wolfegg gehört zu den schönsten des an Bauerngärten reichen Oberschwabens. Der Hofraum ist mit Hausbäumen verschönert. Diese geben dem Haus, den frei umherlaufenden Hühnern und den dahinter auf der Wiese weidenden Kühen Schutz und Geborgenheit. Doch solch eine Bauernhofidylle ist selten geworden. Wo sieht man noch Bauernhöfe von Sträuchern und Bäumen eingegrünt?

Dieser Bauerngarten im bayerischen Schwaben verdankt sein Aussehen einer traditionsbewußten Bauernfamilie, der die moderne Gartenkultur nichts anhaben konnte, der das Bewahren alter Werte mehr bedeutet. »Gutes, was sich bewährt hatte, zu erhalten, kann doch nicht schlecht sein«, meinte die Bäuerin.

Wenn das Holz der Zaunlatten chemisch unbehandelt und nicht gestrichen ist, bekommt es nach ein paar Jahren den grauen Verwitterungston. Ist der Zaun dann noch extremer Witterung ausgesetzt, wie dieser in den Hochlagen des Südschwarzwaldes, dann setzt er zudem Flechten an und wird zum Lebensraum von allerhand Kleinstlebewesen.

Ein aufgelassener Bauerngarten mit den letzten Resten einer alten Tradition: Staketenzaun und Johannisbeersträucher.

Hier konzentriert sich der Blumenschmuck auf die verschiedenfarbigen Dahlien.

S. 110/111: *Wunschbild eines Bauerngartens! Traum und Wirklichkeit haben sich vor zirka zehn Jahren gefunden, als wir diesen Bauerngarten im Südschwarzwald entdeckt hatten. Er ist die Offenbarung des Geheimnisses schöner, alter Bauerngärten – ein Naturgarten aus dem Großelternland. Es ist zu hoffen, daß er weiteren Generationen erhalten bleibt.*

Nicht die Größe der vorhandenen Fläche bestimmt, ob daraus ein Bauerngarten entstehen kann, sondern die Art und Weise wie man sie nutzt, einteilt und sie bepflanzt.
Ein kleines ungezäuntes Geviert, in dem von Zwiebellauch über Rettich bis zu Löwenmäulchen und Malve alles vertreten ist – und fertig ist der Bauerngarten, wie das Bild hier anschaulich demonstriert. »Überall ist die Möglichkeit zu nützlichster Betätigung vorhanden, und kommende Geschlechter werden uns für diese Arbeiten dankbarer sein als für Blumenbeetchen und Blautannen« meint ein ungenannt gebliebener Artikelschreiber im Jahre 1938.

S. 112: Eine nützliche und malerische Einheit bilden der Weinstock, die Kletterrose und der mit bunten Blumen bepflanzte Bauerngarten dieses alten Bauernhauses in Insingen bei Rothenburg ob der Tauber.

Kultivierte Blumen geben meist keinen Nektar ab und ziehen somit keine Insekten wie Bienen und Schmetterlinge an. Den meisten einheimischen Insektenlarven bieten sie daher auch keine Nahrung. Doch eine Menge von Schaderregern macht den Dahlien zu schaffen. Bakterien, Welke, Virosen, Bakteriengallen, Blattfleckenkrankheit, Stengelfäule, Botrytis, Spinnmilben, Ohrwürmer, Blattwanzen, Erdraupen, Blattläuse und Zikaden.

»Ringelblum ist auff zwo spannen hoch / ein gestimte blum / gantz goldtgeel wie ein Johansblum / eins starcke guten geruchs / tregt nach der blüet einn runden Münchskopff / das ist der same / so manns von einander thut / ist ein jeder same geborgen / wie ein vogels klälin / inwendig weiß und süß / Blüet bis inn Winter.« (Wirsung, Ch., Artzney Buch, Heydelberg 1557)

Wohl eine der ältesten Kulturpflanzen dürfte die Zwiebel (Allium cepa) sein. Im Volksmund wird sie auch Küchenzwiebel, Bolle, Zwifl, Zippel, Zipolle, Oje, Sipel genannt. Man kennt zwischenzeitlich verschiedene Sorten, die sich in Form und Farbe unterscheiden. Schon sehr frühzeitig erkannte man ihren therapeutischen und ernährungsphysiologischen Wert, der auf unterschiedliche Vitamine, vorallem aber auf einen hohen Gehalt an Vitamin C zurückzuführen ist. Auf lockerem, humusreichen Boden gedeiht sie am besten.

Bereits 1927 übte der Bauerngartenforscher Heinrich Marzell Kritik an den »recht unschönen Zäunen aus billigem Drahtgeflecht«. Sie muß inzwischen ausgedehnt werden auf: »Plastik-Staketen, Ornament-Steine, vorgefertigte Betonteile, Betonformsteine, holzimitierende Plastikplanken, möbelartig Gehobeltes in ›originellen‹ Querverbindungen, Bohlenwerk, Kunststoffmatten, Geflochtenes und so weiter. Je unnatürlicher und häßlicher, desto besser, am liebsten abwaschbar.« (Dieter Wieland in Grün kaputt).

Ein uraltes Kulturgut ist der Holunder, der in keinem Bauerngarten fehlen darf. Er ist durch seine vielseitige Heilwirkung ein nützlicher Begleiter durch das ganze Jahr. Heilig, unverletzlich ist er. Ein alter Bauernspruch drückt dies in folgenden Worten aus: »Vor dem Holunder soll man den Hut abnehmen.« Zahllose Legenden und Sagen ranken um ihn.

Dieser Bauerngarten in Ittendorf am Bodensee liegt nicht am Bauernhaus, sondern direkt an der Längsseite der Scheune und ist mit einem prächtigen Weinstock bewachsen. Ein Bauerngarten, auf den die klassische Definition nicht zutrifft. Er stellt sich als ein reiner Gemüsegarten dar.

Mit Sicherheit ist dies kein Bauerngarten traditioneller Herkunft. Der Zaun, die praktische Einteilung und das Gemüse fehlen.

Das natürliche Verbreitungsgebiet der Lampionblume (Physalis alkekengi), auch Judenkirsche genannt, erstreckt sich von Japan bis nach Südeuropa. Bei Märzaussaat im Kasten ist sie gut zu kultivieren. Winterschutz wird jedoch empfohlen. Die roten Laternen halten sich auch trocken sehr schön.

Es war früher nicht üblich, außerhalb des Bauerngartens Blumen zu pflanzen. Das Vieh, die Gänse, Hühner und Enten hätten sie zertreten und abgefressen. Heute trifft man solche Pseudogärten immer häufiger an. Die Bäuerin möchte dadurch die natürliche Umgebung zwischen Bauernhaus und -garten optisch aufwerten.

Auf den ersten Blick ist alles schön. Auch wenn die schwarze Farbe des Zaunes sehr schön mit den Farben der Blumen kontrastiert, so verbirgt sich hinter dieser Schönheit im Detail doch ein Schönheitsfehler in der Gesamtheit. Der schwarz angestrichene Zaun wirkt für den ganzen Garten wie ein Trauerrand. Aus diesem Grund und wegen der Giftigkeit der Farbe sollte auf den schwarzen Anstrich verzichtet werden. Der Bauerngarten ist ja ein Naturgarten, deshalb sollte auch der Zaun naturbelassen sein.

S. 120/121: Schön, wild und nützlich – ein Garten im Alpenvorland – hier ist Vergangenes noch lebendig.

Echte, alte Bauerngärten sind voller Geheimnisse – voll überquellenden Lebens im Frühjahr, voll betörender Düfte und leuchtender Farben im Sommer und Melancholie im Winter. Sie sind wie ein Volkslied und wecken wie dieses Stimmungen.

Man handelt der Natur zuliebe, wenn man die Blumenstauden, die Unkräuter und das Gras entlang des Zaunes über den Winter stehen läßt. Die alten Stengel behindern das Nachwachsen neuaufkommender nicht. Es reicht völlig, wenn man sie erst im März des nächsten Jahres entfernt. In den hohlen Stengeln, den Blattspreiten und Blütenständen finden Insekten Überwinterungsmöglichkeiten; samenfressende Vögel wie der Dompfaff, der Zeisig, die Meise, der Zaunkönig werden ebenfalls dankbar sein.

S. 124/125: Ein echter Allgäuer Bauerngarten, wie er sich nicht eindrucksvoller im Winterkleid darstellen kann. Auch im Winter lebt der Bauerngarten. Aber das Leben hat sich unter die Schneedecke zurückgezogen. Es stirbt nicht, es verinnerlicht sich.

Alljährlich fristen die Gärten ein halbes Jahr lang, ohne Vegetation unscheinbar ihr Dasein. In Alpenregionen und Mittelgebirgslagen sind sie oft noch längere Zeit mit Schnee überzogen. In diesem Zeitraum wird ihnen kaum ein Augenmerk zuteil. Dies dürfte sicher der Grund sein, daß sie immer noch Straßenbaumaßnahmen, Dorfsanierungen und -verschönerungen zum Opfer fallen.

Man sollte im Herbst nicht in die Ordnungs- und Abräumeuphorie verfallen, die so manchen Gartenbesitzer überkommt. Man sollte die Stauden über Winter für die Vögel stehen lassen. Die Pflanzen – mit Rauhreif überzogen – können so ihren ganzen Reichtum an Gestalt und Leben zeigen.

S. 128: Das Gesicht des Gartens bestimmt überwiegend die Bäuerin. Sie hat es in der Hand, ob der Garten tausendjährige Geschichte erlebbar werden läßt, ein Refugium für in Bedrängnis geratene Tiere und Pflanzen ist. Ihr Fleiß, ihr Können und ihr Wissen um die Dinge bestimmen das Gesicht des Wohnbereichs und des Dorfes. Ihr obliegt es, ob der Garten Zeugnis ablegen kann von der Größe des Geheimnisses, das uns immer und überall umgibt. Der Bauerngarten kann Ausdruck einer tiefen Liebe, aber auch eines gestörten Verhältnisses zur Heimat sein. Er ist die Seele der Bäuerin.

Die Geschichte des Bauerngartens

Sein Entstehen und sein Aussehen – Die Frühzeit und das Mittelalter

Die Geschichte des Bauerngartens ist eng verbunden mit der Entwicklung des Bauern. Der Charakter des Bauern wurde durch vielerlei Einflüsse geprägt; durch geographische und klimatische Gegebenheiten, starke und weniger starke Kontakte nach außen. Diese Einwirkungen wie auch die individuelle Veranlagung trugen zur Entstehung unterschiedlich ausgeprägter Bauerngärten bei.

Die Wesensart einer Bevölkerung gibt den Gärten ihr Gepräge. Die Gartenkonzeption ist einem Wandel unterlegen; im jahreszeitlichen Ablauf verändern sie ihr Aussehen. In ihrer Vielfalt bilden die Bauerngärten dennoch eine Einheit und unterscheiden sich damit wesentlich von anderen historischen Gärten. Sie sind eine Erscheinung eigener und besonderer Art, stilsicher und der jeweiligen Landschaft angepaßt. Die Form und die Lage entwickeln sich nach den Gegebenheiten der dörflichen Siedlung. Der Kundige kann sie leicht den unterschiedlichen Regionen zuordnen. Ein typisch altbayerischer Bauerngarten im bayerischen Schwaben, ein schwäbischer an einem alemannischen Bauernhaus, ein Bauerngarten im Münsterland, ein im traditionellen Stil gestalteter Hausgarten eines ländlichen Anwesens im Fränkischen, alle ziehen sie den Besucher und den Betrachter in ihren Bann. Großartige Bauerngärten treffen wir in einzelnen Exemplaren in der Schweiz, im Kanton Bern, im Emmental, an. Ebensoschöne findet man noch im Basler Land. Das Wegkreuz mit einem Blumenrondell im Schnittpunkt und buchsumrandete Beete sind dort charakteristisch. Reinste Verschwendung wären Buchseinfassungen in gebirgigen Regionen. So zeichnen sich die Bauerngärten in Tirol und Südtirol durch eine einfache Anlage, ohne Barockelemente aus. Sie sind, bedingt durch eine oftmals extreme Lage, rechteckig oder quadratisch; aber auch dreieckige, trapezförmige oder unregelmäßige Vielecke sind anzutreffen.

In der Nähe der Städte waren die Bauerngärten anderen Einflüssen ausgesetzt als auf dem flachen Lande. Alle Bauerngärten vom Norden bis zum Süden Deutschlands, in Österreich, in der Schweiz, in Südtirol, im mittel- und westeuropäischen Raum weisen, was die Gestaltung und die Pflanzenauswahl betrifft, gemeinsame Hauptmerkmale auf: eine praktische Einteilung durch Wege, geometrisch geformte Beete, rahmende und lebende Beeteinfassungen und einen schlichten Holzzaun als den ganzen Garten umgebende Abgrenzung.

Auf den ersten Blick sind sie sich alle ähnlich; beim genaueren Hinsehen stellt man jedoch fest, daß keiner dem anderen gleicht. In der Vielfalt liegt ihre Anziehungskraft.

Ihre Vorläufer dürften in einer Zeit entstanden sein, als aus Nomaden – Hirten oder Jägern – seßhafte Bauern geworden sind. Diese Epoche gilt als die Geburtsstunde des Urgartens, eines reinen Nutzgartens. Der Urgarten ist somit die ursprünglichste und damit niedrigste Entwicklungsstufe aller Gartenformen. Zu seiner Entstehungszeit war der Mensch noch völlig der Natur unterworfen, er stand in enger Beziehung zu den Pflanzen. Auf der Suche nach Nahrung lernte er sie kennen und brachte sie allmählich in die Umgebung seiner Behausungen, wo er sie im Feldbau in größeren Mengen kultivierte. Nicht alle der inzwischen kultivierten Wildpflanzen waren für den Feldbau geeignet oder wurden in solch großer Menge benötigt, daß sie auf dem Acker angebaut werden mußten. Mit der Trennung der in Kultur genommenen Wildpflanzen in »Hack- und Feldfrüchte« schien der Zeitpunkt gekommen zu sein, daß sich die Bauersfrau um die Pflege der Hackfrüchte und Kräuter kümmern mußte. Die Anpflanzungen wurden in der Nähe der menschlichen Siedlungen angelegt und mußten vor Wild- und Haustieren geschützt werden.

Die Nützlichkeit und Notwendigkeit des Zaunes

Zum Inbegriff des Gartens wurde sein wehrhafter Zaun. Seit altersher war es wichtig, daß die Einzäunung dicht und erkennbar sein mußte. Das Federvieh, Schweine, Wild, aber auch fremde Menschen, Kinder und Nachbarn mußten vom unbefugten Betreten ferngehalten werden, und der Zaun war ein Schutz vor Wind. Bis heute ist der Garten ein Begriff des Eigentums und der Zaun ein wesentliches Element.

Die Nützlichkeit und Notwendigkeit eines Zaunes für den Garten war für unsere Vorfahren von zentraler Bedeutung. Einen Garten ohne Zaun gab es nicht, ja sogar durfte es nicht geben. Er war durch Rechtssprechung zwingend vorgeschrieben. Der Garten sollte Schutz und Frieden bringen. Einige Gesetze und Verordnungen mußten bereits unsere Vorfahren beachten. »Der Garteninhaber hat für rechte Umzäunung zu sorgen; fürs weitere hat er den Schaden selbst zu tragen, wenn er die ordnungsgemäße Einhegung unterläßt oder vernachlässigt«, ist in schweizerischen Rechtsquellen nachzulesen. »Sich selber friden geben«, hieß es in einer alten Rechtssprechung; was zu bedeuten hatte, daß er eingezäunt, das heißt »umfriedet« sein mußte. Bemerkenswert ist, daß »der Garteninhaber«, wenn der Nachbar ihm beim Zäunen nicht hilft, einseitig vorgehen und gegebenenfalls Schadenersatz verlangen« konnte (aus dem Landbuch vom Gaster, 1564). Die Einzäunungsarbeiten wurden Mitte des 15. Jahrhunderts, wie aus der Schweiz bekannt ist, von Amtspersonen, sogenannten »Garteneinungern, Untergängern oder Gartenbannwarten« überwacht.

Der Garten genoß Rechtsschutz; er bedeutete Grenze und Halt für alle Außenstehenden. Ja sogar magische Schutzkräfte wurden ihm verliehen. Hexen hatten keine Möglichkeit, umzäuntes Land zu betreten. Mit einem Sadebaum direkt am Gartenzaun wehrte man sie zusätzlich ab. Der Diebstahl von Obst und Gemüse wurde nur geahndet, wenn er eingezäunt war. Nur ein Garten mit Zaun war also rechtlich anerkannt.

Nach alemannischem Recht wurde das »Zerhauen von Geflecht und Reifen«, das Beschädigen und Zerstören des Gartenzaunes, schwer bestraft.

Auch war die Mindesthöhe des Zaunes vorgeschrieben: einem erwachsenem Mann sollte er bis zur Schulter reichen. Das Weistum (altes Volksrecht) von Langberg schreibt vor, »das ain jeder Zaun, er sei von gerten oder spelten, als hoch sein soll, das er ain mittern mann an das grüebel geet am herzen ...«.

Der Garten wurde ja meist im siedlungsnahen Land, auf teils sehr fruchtbaren Böden angelegt. Neid und Mißgunst kamen auf. Es kam immer wieder zu Streitereien, bei denen die Obrigkeit eingreifen und schlichten mußte. Hierzu brachte sie Verordnungen heraus. So stand in der Gemeindeverordnung von Lendsiedel aus dem Jahre 1546 (Schumm, 1985) wörtlich: »Item, es ist auch der Herrschaft fürgepracht worden, wie ir etlich im Dorf kain Garten haben, ist durch die Herrschaft beschlossen und verlassen, das ain jeder Gemainsmann, der kain Garten hat, Mügen und Macht haben soll, ainen Garten zemachen, wie derselben gleichen Güter sonst im Dorf haben und solche Weitin und Grösse soll durch die Sibner oder Stainer erkhent werden und darnach durch den Inhaber verzeunt und vermacht und wie Garten Recht gehayet werden.« Die Größe des Gartens war also schon durch anderweitige Besitzverhältnisse im Dorf vorgegeben.

Die enge Verbundenheit des Gartens mit dem Zaun liegt bereits im Ursprung des Wortes Garten, der im indogermanischen Wort »ghortos« (das Eingefaßte, Umfaßte) und im althochdeutschen »gerta« (Rute, Stecken) zu suchen ist. Das althochdeutsche »gart« bedeutet nicht nur den Garten, es hat auch den Sinn von »Kreis« und hängt sprachlich zusammen mit »gürten« (Marzell). Ebenso ist das Wort »Garten« auf das gotische »Gairdan« zurückzuführen, was »umgürten«, »umhegen« bedeutet. Das umgürtete, umhegte Stück Land, zeichnet den Garten der Frühzeit aus.

Der Gartenzaun hatte Schutz und Frieden zu bringen. Dies erreichten unsere Vorfahren anfangs durch in den Boden gesteckte Äste und Zweige. Später verwendeten sie auch nichtentastetes Stangenholz von Nadelbäumen, welches sie waagrecht zwischen Stützpfosten legten. Doch der gebräuchlichste Zaun war der Flechtzaun mit einem Flechtwerk aus Weidenruten. Dieser schien sich am längsten bewährt zu haben, denn man kannte ihn bereits im frühen Mittelalter – damals war er weit verbreitet – und trifft ihn – allerdings äußerst selten – noch in den heutigen Tagen an. Hierzu muß man in kurzen Abständen Pfähle in den Boden einschlagen und biegsame Weidenruten dazwischen flechten. Durch Einweichen in Wasser werden diese zuvor geschmeidig gemacht.

Schriftlich belegt sind Zäune zum ersten Mal zur Zeit der Römer. Auf vielen bildlichen Darstellungen aus dem frühen Mittelalter sind sie zu sehen.

Man traf bei den Bauerngärten auch andere Zaunarten an: den Steckzaun, den Speltenzaun, den Staketenzaun, den Hanichlzaun, den Bretterzaun, den Stangenzaun und nicht zu vergessen halbhohe Trockenmauern wie in der Lüneburger Heide, in Mittelgebirgen und im Alpenland. Darüber hinaus gab es aber noch eine weitere Zahl von hölzernen Zaunkonstruktionen, die mehr oder weniger bekannt und verbreitet waren.

Auf einen Typ soll hier näher eingegangen werden: den Staketen- und Hanichlzaun, die sich beide aus dem Flechtzaun entwickelten, diesem an Wirksamkeit und Schönheit kaum nachstehen. Der Hanichlzaun bestand aus senkrechten Rundhölzern – jungen Fichten- oder Tannenstämmchen mit einem Durchmesser von ca. 3 bis 5 cm. Früher wurden diese ebenfalls mit Weidenruten miteinander verflochten, später an Querlatten gebunden und in der Neuzeit an diese zunächst mit Holz- und zuletzt mit Eisennägeln befestigt. In späterer Zeit wurden die Rundhölzer in der Mitte halbiert und als schmale bzw. breite Latten an die Querriegel angenagelt, die wiederum mit dickeren eingegrabenen Zaunpfosten verbunden wurden. Oben zugespitzte Staketen hinderten die Hühner am Überfliegen, und so manchem ungebetenen Gast erschwerten sie das Übersteigen. In der Folgezeit wurde diese Art von Staketenzäunen immer weiterentwikkelt bis hin zu den unruhig wirkenden Jägerzäunen mit ihren gekreuzten Latten, einem Modezaun, der wie alle halbhohen Zäune nicht zum althergebrachten Bauerngarten paßt.

Mit dem Aufkommen der schmiedeeisernen Zäune um die Jahrhundertwende wurde der langsame Abschied vom alten Bauerngarten eingeleitet, und industriell gefertigte Zäune ließen ihn dann vollends in Vergessenheit geraten.

Was unsere Vorfahren pflanzten

So nützlich und notwendig der Zaun für den Bauerngarten seit jeher war, so wichtig war auch, daß man frühzeitig erkannte, welche Pflanzen sich zur Kultivierung am besten eigneten. Viel war es allemal nicht, was unsere Vorfahren anbauten. Aus vorgeschichtlichen Funden weiß man, daß es Gemüsearten in ihrer Wildform waren, die zunächst angebaut wurden, als die Menschen seßhaft wurden. So glaubt man heute, dank den archäologischen Forschungen, aus Samenfunden und Grabbeigaben sicher zu wissen, daß bei unseren germanischen Vorfahren bereits in der jüngeren Steinzeit (4000 bis 1800 v. Chr.) und in der Bronzezeit (1800 bis 800 v. Chr.) Erbsen, Linsen und Saubohnen, Karotten, Mohn, Kohl, Weizen, Hirse, Äpfel, ja sogar einige Gewürzpflanzen, wie Kümmel, Petersilie und Pastinack, vom eigenen Feld beziehungsweise Gartenland auf den »Tisch« kamen. Auch der Holunder trat zu dieser Zeit schon in Siedlungsnähe am Bauernhaus auf.

Ob der Anbau feldmäßig oder schon in Gärten geschah, läßt sich nicht mit Sicherheit sagen. A. Mosig ist der Meinung, daß schon die alten Germanen Gärten, allerdings nur Nutzgärten, kannten. J. Jankuhn ist sich da weniger sicher, ob unsere Vorfahren in der Frühzeit bereits eine Gartenkultur pflegten. Man kann dennoch annehmen, daß der Bauerngarten so alt ist wie die bäuerliche Kultur selbst, und diese reicht bis auf 4000 Jahre zurück.

Mit Sicherheit wissen wir, daß die eigentliche Entstehungsgeschichte des Bauerngartens auf das 5. Jahrhundert nach Christus datiert werden kann. Zu dieser Zeit nämlich wurde es den Bauern ermöglicht, kleine Flächen Land aus der genossenschaftlichen Flurnutzung, dem Flurzwang zu nehmen, um sie dann als »eigenen Garten« zum Sondernutzungsgebiet zu erklären. »Über das allgemeine Flurrecht hinaus« konnte der Garteninhaber diesen nutzen und dort pflanzen, was und wie er wollte – mit gewissen Einschränkungen aber, wie sich später (8. Jahrhundert) herausstellte.

In den späteren germanischen Hausgärten fanden sich zusätzlich Gemüsearten wie Wegwarte, Wegerich, Guter Heinrich, Ampfer, Gartenmelde und Brennessel ein, die wir heute für Unkräuter halten.

Wenn man aber dem römischen Schriftsteller Tacitus Glauben schenken darf, dann kannten die Germanen um 100 nach Christus noch keinen Gartenbau, mindestens keinen, der seinen Vorstellungen von einer hochentwikkelten römischen Gartenkunst entsprach. Er schreibt in seiner »Germanica« über den Feldbau der Germanen nüchtern: »Sie bemühen sich nicht um die Fruchtbarkeit und die Ausdehnung des Ackerbodens, sei es, daß sie Frucht-(Obst)gärten anlegen, Wiesengrundstücke abgrenzen und Gärten bewässern würden, nur Getreide möchte man von seinem Boden ernten.« So verwundert es nicht, daß im Laufe der Zeit die nach Mitteleuropa vordringenden Römer nicht nur der Landwirtschaft, sondern auch der Gartenkultur der von ihnen unterworfenen Völker neue Impulse mitbrachten, aus reinem Eigennutz oftmals: Was auf den germanischen Feldern und in ihren Gärten wuchs, war ja mehr als spärlich und entsprach nicht ihren Lebens- und Eßgewohnheiten. Sie bereicherten den bescheidenen Bestand an Nutzpflanzen mit Kürbis, Gurken, Spargel, Sellerie, Knoblauch und Rüben. Würz- und Heilkräuter wie Anis, Kerbel, Dill, Senf, Schnittlauch, Koriander und Thymian kamen hinzu. So manche Blume wie die Rose und Lilie, vermutlich auch der Goldlack oder Levkoje, tauchte auf einmal im Garten auf. »Die Rose ist die herrlichste Blume, die Rose ist bei den Göttern beliebt«, wußten schon damals römische Schriftsteller zu berichten.

Neue Gartenbautechniken hielten Einzug. Der Platz für den Garten wurde nach dem Boden und dem Vorhandensein von Wasser ausgewählt. Beete wurden so angelegt, daß sie von den Wegen aus leicht zu bearbeiten waren. Eselsdung sei dem Rinder- und Schafsmist vorzuziehen, war die einhellige Meinung verschiedener römischer Schriftsteller.

Der Einfluß auf den reinen Nutzgarten zur schönen Seite hin verblaßte jedoch durch die Völkerwanderung wieder. Aus dem blumenverzierten Garten wurde wieder der nüchterne Nutzgarten. Doch geblieben sind uns bis heute neue Apfel- und Birnensorten, der Weinbau und andere Früchte wie Kirsche, Walnuß und Kastanie. Interessant ist, daß die Römer den Buchsbaum als Beeteinfassung bereits kannten; ob sie ihn auch direkt in die Gärten Mitteleuropas brachten, steht jedoch nicht fest, hielt doch die römische Gartenkultur nicht nur direkt, sondern auch über die Klostergärten indirekt Einzug in die germanischen Bauerngärten.

Reine Nützlichkeitsgründe zwangen die alemannischen Eindringlinge im Kampf ums tägliche Brot, daß Blumen im Garten zunächst keine Beachtung mehr fanden. Es vergingen viele Jahre, bis die Gärten wieder zu neuem Leben erwachten und die Gartenkultur so verfeinert wurde, daß Blumen wieder zur reinen Augenfreude gepflanzt wurden.

In der ältesten Fassung der Lex Salica, um 500 nach Christus, die diese nach der Völkerwanderung, als die einzelnen Stämme seßhaft wurden, zum Schutz des Grundbesitzes geschaffen hatten, erfahren wir einiges über den Gartenbau aus der Zeit der Salier.

Literarisch überliefert sind uns die Anfänge der alemannischen Gärten erstmals aus der Zeit Clodwigs (466 bis 511) und der Merowinger. Veredelte Apfel- und Birnbäume werden im »umfriedeten Hausland (hortus)«, heute würde man Obstgarten dazu sagen, gepflanzt.

Die Volksrechte der Alemannen geben genauere Aufschlüsse über die Gartengestaltung jener Zeit. Sie enthalten das Gedankengut der Antike, verständlich aufbereitet für das eigene, germanische Volk.

Wirklich geregelten Gartenbau aber kennen wir mit Sicherheit erst im 8. und 9. Jahrhundert. Die Klöster beeinflußten und förderten ihn. Maßgeblichen Anteil an der Verbreitung des gärtnerischen Wissens hatten im frühen Mittelalter die Benediktinermönche, deren Ordenswiege in Italien stand. Sie gaben ihren reichen Erfahrungsschatz im sachgemäßen Anbau neuer Obst- und Gemüsesorten und Heilkräutern und ihrer Verwendung dem gemeinen Volk weiter, als sie zur Verbreitung des Christentums aus dem Süden über die Alpen zu den germanischen Völkern kamen. Das Volk erhielt somit nach und nach Kenntnis über Pflanzen, die die Mönche in ihren Klöstern anbauten. Für Friedrich Schnack war dies eine »geistliche Blumenwallfahrt«, die vom Süden ausging. Umgekehrt waren auch die Klostergärten ihrerseits Nutznießer bereits bewährter germanischer Gartenkultur. Plinius berichtete unter anderem, daß der Rettich im Norden so gut gedeiht, daß er zur Größe neugeborener Kinder heranwächst. Solchen Gewächsen konnten auch die Mönche nicht widerstehen. So brachten sie manche Pflanze aus dem nordischen Bauerngarten in ihre zur Selbstversorgung ausgerichteten Klöster. Die Gartentradition der Klöster reicht bis zur Gründung des Ordens zurück. »Wenn es möglich ist, lege man das Kloster so an, daß sich alles Nötige, Wasser, Mühle, Garten und verschiedene Werkstätten innerhalb der Klostermauern befinden...« ist einer der Grundsätze ihres Ordensgründers, des heiligen Benedikt von Nursia. Er gründete um 529 das Kloster Montecassino, das als Urzelle des Benediktinerordens gilt. Sein Grundsatz »Ora et labora« war für die Kultur des Abendlandes (Landkultivierung, Schulwesen, wissenschaftliche Tätigkeit, Christianisierung) von großer Bedeutung und wirkte bis weit in die Neuzeit hinein.

Es ist großenteils das Verdienst der Klöster, wenn uns die alten römischen Gärten in ihrer Pflanzenzusammensetzung und die gärtnerischen Kenntnisse der Antike erhalten geblieben sind. Die Mönche konnten alte Schriften lesen und deuten. Der Einfluß der Antike auf die nachfolgenden Gartengenerationen ist in der Schweiz und in Deutschland bei manchen alten Bauerngärten noch augenfällig und bezeugt eine jahrhundertelange Tradition bäuerlicher Kultur. Einige Dokumente und Urkunden bestätigen dies, zeigen und beschreiben sie doch sehr eindrucksvoll alte klösterliche Gartenanlagen mit Pflanzenbeständen, so wie wir sie heute noch aus alten Bauerngärten kennen.

Das Frühmittelalter – 4. bis 11. Jahrhundert

Der Klosterplan von St. Gallen und das »Capitulare de Villis...«

Der St. Gallener Klosterplan vom Jahre 816 beschreibt die Anlage eines Klostergartens und gibt Aufschluß über die Notwendigkeit der praktischen Gliederung, Ordnung und Bepflanzung. Zu dieser Zeit dürfte der viergeteilte Garten mit dem Kreuzweg und der Garten mit dem Rondell in der Mitte erstmals aktenkundig geworden sein. Er zeigt, was klösterliche Gärten und entsprechend auch bäuerliche damals auszeichnete: die Gliederung in den Baumgarten, den Wurz- oder Kräutergarten und den Gemüsegarten und was diese enthalten: feine Gemüse, Würz- und Heilkräuter und Blumen. Grobgemüse wird feldmäßig angebaut. Blumen sind in den Kräutergarten integriert. Es gibt somit keine Trennung in Nutz- und Ziergarten. Der St. Gallener Plan mit seinen 34 Pflanzen blieb über tausend Jahre Vorbild für den Bauerngarten.

Den entscheidenden Anstoß für das, was die Bauern anzupflanzen hatten, gab das »Capitulare de villis et curtis imperialibus«, die Landgüterverordnung aus der Zeit Karls des Großen (742 bis 814 nach Christus), im Jahre 812 von ihm für seine weit verstreuten Güter erlassen. Anderen Quellen zufolge soll diese Verordnung bereits 795 von seinem Sohn, dem späteren Ludwig dem Frommen, für seine Krongüter in Südfrankreich ausgearbeitet worden sein. Bemerkenswert dabei ist, daß es sich um dieselben Pflanzen handelt, die schon der Aristoteles-Schüler Theophrast in seiner »Naturgeschichte« aufzählte.

So heißt es im 70. Kapitel, dem »De herbis hortulanis«, der auf den Gartenbau sich beziehenden Stelle, wörtlich: LXX. Volumus quod in horto omnes herbas habeant, id est lilium, rosas... Wir wollen, daß sie im Garten alle Pflanzen haben, nämlich weiße Lilien, Rosen, Bockshornklee, Frauenminze, Salbei, Raute, Eberraute, Gurken, Melonen, Flaschenkürbisse, Saubohnen, Kreuzkümmel, Rosmarin, Kümmel, Kichererbse, Meerzwiebel, Schwertlilie, Drachenwurz, Anis, Koloquinten (kultivierte südliche Kürbispflanzen), Cichorie, Ammi, Laserkraut, Salat, Schwarzkümmel, Rauke (weißer Senf), Kresse, Klette oder Pestwurz, Poleiminze, schwarzes Gemüse, Petersilie, Sellerie, Liebstöckel, Sadebaum, Dill, Fenchel, Endivien, Diptam, Senf, Bohnenkraut, Krauseminze, Wasserminze, Waldminze, Rainfarn, Katzenminze, Mutterkraut, Mohn, Mangold, Haselwurz, Eibisch, Malven, Möhren, Pastinak, Gartenmelde, Amarant, Kohlrabi, Kohl, Bärlauch, Schnittlauch, Porree (Lauch), Rettich, Schalotten, Zwiebeln, Knoblauch, Krapp, Artischocken oder Weberkarden, große Bohne, Felderbse, Koriander, Kerbel, Springkraut, Muskatellersalbei, und der Gärtner soll auf seinem Hause haben: Hauswurz.

Außerdem sind noch folgende Obstsorten für den Anbau empfohlen worden: Apfel, Birne, Pflaume, Speierling, Mispel, Edelkastanie, Pfirsich, Quitte, Haselnuß, Mandel, Maulbeere, Lorbeer, Pinie, Feige, Walnuß, Kirsche.

73 Pflanzenarten, Gemüse, Würz- und Heilkräuter sowie 16 verschiedene Bäume, deren Früchte man essen konnte, sind aufgeführt. Alle Pflanzen wurden zunächst als Nutzpflanzen betrachtet. Diese Verordnung läßt aber noch die Antworten auf ein paar Fragen offen. Galt sie nur für zwei Landgüter, auf denen Mißstände herrschten, oder erstreckte sich ihre Gültigkeit nur auf Südfrankreich oder auf das gesamte Reichsgebiet? Einige der aufgelisteten Pflanzen dürften nämlich nur in südlichen Gebieten gedeihen, wie der Lorbeerbaum, die Feige, der Maulbeerbaum, Rosmarin und die Eßkastanie. Darin sehen verschiedene Experten den Beweis, daß die Verordnung nicht von Karl dem Großen stammt, sondern von dessen Sohn, Ludwig dem Frommen, für sein Königreich Aquitanien in Südfrankreich, dem heutigen Gebiet zwischen den Pyrenäen und der Garonne, in Auftrag gegeben worden ist. Als Verfasser vermutet man den Benediktinerabt Ansegis, dessen Ordensregel die Urbarmachung des Landes und den Gartenbau vorschreibt. Er bediente sich sicherlich der Schriften des Hippokrates (460 bis 377 vor Christus), des älteren Plinius (23 bis 79 nach Christus) und des nach Christus lebenden Dioskurides, mit dessen fünfbändiger Arzneimittellehre man sich bis ins Mittelalter hinein beschäftige.

Alle Pflanzen, auch die schön blühenden, wurden als reine Nutzpflanzen angebaut, so auch die roten Rosen, weißen Lilien und die vielfarbigen Malven. Der Garten der Marksburg am Rhein zeigt die im Capitulare genannten Pflanzen in vorbildlicher Weise kultiviert.

Bis zum Gartenbau der Karolinger geht die Regel zurück, daß die Obstbäume in einem besonderen Grasgarten abseits des eigentlichen Gemüse- und Kräutergartens anzubauen sind. Für die Mönche der damaligen Zeit waren die Obstbäume Sinnbild für Werden und Vergehen. Ihnen wurde dadurch besondere Bedeutung eingeräumt. Der Obstgarten war gleichzeitig der Friedhof des Klosters. Der uralten Verbundenheit der Bauern mit dem Baum konnte durch die separate Anlage des Obstgartens ebenfalls Rechnung getragen werden. Wie hoch man Obstbäume einschätzte, beweisen alte Gesetzbücher, welche Baumfrevel mit harten Strafen – sogar mit dem Tod – sühnten. Obstbäume ließ man stehen, auch wenn sie nicht mehr genug Früchte trugen.

Ein äußerst wertvolles Dokument, das über die Gartenkultur des Klosters jener Zeit ebenso Aufschluß gibt, ist das botanische Lehrgedicht des Walafried Strabo (809 bis 849), Abt des Klosters Reichenau am Bodensee. Betitelt ist dieses Gedicht, ein Lobgesang über den Gartenbau und seine Pflanzen, mit »Liber de cultura hortorum«, kurz »Hortulus« genannt. In 25 Gedichten mit 444 Hexametern gibt dieser begeisterte Gärtner und große Pflanzenfreund Anweisungen zur Anlage des Gartens, zum Gärtnern und beschreibt aufgrund eigener Beobachtungen in 23 Gedichten ebensoviele Gartenpflanzen. Man erfährt von ihm, wie er den Garten bestellt, das Unkraut jätet, »in vollen Körben den Dünger im Erdreich verteilt«, und daß man die Beete mit Brettern und Pflöcken einfaßt. Die meisten seiner Gartenpflanzen sind schon im St. Gallener Plan aufgeführt. Es kommen aber neue hinzu. Der Wermut, der Andorn, das Muskatellerkraut, die Betonie, Odermennig, Rainfarn und die Katzenminze.

Doch es standen noch viele Jahrhunderte bevor, bis die Bauerngärten das wurden, was sie heute sind. Bis zum Ausgang des Mittelalters änderte sich der Pflanzenbesatz nur langsam, um sich dann bis in die Neuzeit um so rascher und durchgreifender zu verändern.

Das Hoch- und Spätmittelalter – 11. bis 15. Jahrhundert

Hildegard von Bingen – eine der bedeutendsten Prophetinnen des christlichen Abendlandes

Die Geschichte des Bauerngartens kann ohne Hildegard von Bingen oder Hildegardis sancta (1098 bis 1179), wie sie im klösterlichen Schrifttum genannt wird, nicht geschrieben werden. Sie war eine der bedeutendsten Prophetinnen des christlichen Abendlandes und besaß von Geburt an die Gabe der Schau, die sie bis zu ihrem Tode behielt. An die Äbtissin des Benediktinerklosters auf dem Rupertsberg bei Bingen erging der göttliche Auftrag: »Schreibe, was du siehst und hörst.« Viele Werke entstanden, die Einblicke in weiteste Daseinsbereiche gaben. Die theologische Trilogie »Sci Vias – Wisse die Wege«, eine Psychotherapie »Liber Vitae Meritorum« und eine Vision des Universums, die Wissenschaft, Religion und Kunst in sich vereinigt. In ihrem medizinischen Lehrbuch »Causae et Curae« beschreibt sie Krankheiten und deren Behandlungsmethoden; eine Medizin, die auf das Heil des ganzen Menschen zielt, da nur Gott das Ganze kennt und nur er heilen kann. Eine Heilkunst, die heute für Ärzte und Patienten nach 800 Jahren wieder aktuell und populär zu werden scheint.

Sie schuf farbenprächtige Miniaturen, komponierte großartige Lieder und dichtete das erste große Singspiel: »Das Spiel der Kräfte«.

Heute wird Hildegard von Bingen als erste deutsche Naturforscherin und Ärztin angesehen. Zu ihrer Zeit galt sie als Wunder. Päpste, Kaiser und Könige und das einfache Volk ersuchten bei ihr um Rat und Hilfe. Sie erarbeitete eine umfassende Heilkunde, die Körper, Seele und Geist in ihren Gesamtzusammenhängen beschreibt. Physica – eine Naturbeschreibung, Pflanzen- und Tierkunde – brachte für die Bauern weiteres Wissen um die Heilwirkung der Kräuter und für ihre Gärten einen weiteren Pflanzenzuwachs. Dieses umfassende botanische Werk, eine Art Arzneimittelbuch, beschreibt mehr als zweihundert Pflanzen und weist über zweitausend Rezepturen und Behandlungsmethoden auf. Die Äbtissin, die nicht nur theoretisierte, sondern auch einen reichen Arzneigarten pflegte, kannte viele heimische Pflanzen durch ihre eigenen Beobachtungen und Erfahrungen sowie aus Überlieferungen vom Volk. Sie bezeichnet die Pflanzen mit lateinischen und deutschen Namen, die allerdings heute sehr fremdartig klingen. »Biboz«, »Wullena« und »Ebich«, als Beifuß, Königskerze und Efeu jedem wohlbekannt. Zusätzlich zu den schon im frühen Mittelalter bekannten Pflanzen besiedeln bis damals noch unbekannte Gewächse wie Portulak, Meerrettich, Alant, Melisse, Basilikum, Bibernelle, Eisenkraut, Lavendel, Ringelblume und Pfingstrose als Nutzpflanzen, Heil- und Gewürzkräuter von nun an die Gärten der Bauern. Alle zählen sie heute zu den traditionellen Bauerngartenpflanzen.

Das Wirken der Klöster im Hochmittelalter

Auch in der Folgezeit, im Hochmittelalter, suchten die Mönche der Klöster ihr Heil und Heilung im Gebet und in der Gartenarbeit. Sie kümmerten sich um Anbau und Verbreitung der Nutz- und Heilpflanzen, vermehrten und vermittelten Gartenkultur. Jedoch ihre hauptsächlichen Träger und Erhalter bis heute waren die Bauern.

Bis zum ausgehenden 15. Jahrhundert übernahmen vor allem die Klöster eine führende Rolle bei der Verbreitung von Pflanzen und dem Wissen um deren Nutzen und Pflege. Vieles wuchs zuerst in den Klostergärten. Gemüse, Heil- und Gewürzpflanzen streng voneinander getrennt. Die Augen der Mönche sollten durch wildes Durcheinanderwachsen nicht verwirrt werden. Es wird angenommen, daß die Verbreitung der Kenntnisse über die Pflanzen aktiv betrieben worden war. Pflanzenknollen, Samen, Stecklinge, Ausläufer, aber auch Reiser von Obstbäumen wurden von Kloster zu Kloster mitgenommen.

F.-W. Hennig ist der Meinung, daß der Informationsaustausch zwischen Mönchen und Bauern nicht gerade gut war. Vielerorts herrschte ein gespanntes Verhältnis wegen des Abgabesystems. Urkunden berichten, daß sogar von den Bauern ein Gemüsezehnter abverlangt worden ist. Dieser Kleinzehnt war schwierig zu berechnen und noch schwieriger zu erheben. So kam es deswegen immer wieder zu Streitigkeiten. Von Hauser erfahren wir, daß »die Untertanen des St. Gallener Klosters sich 1525 nicht nur über den großen, sondern vor allem über den kleinen Zehnten beklagten«.

Auch waren die Eßgewohnheiten der Mönche und Bauern sehr unterschiedlich. Das Gemüse spielte damals für die Ernährung der Bauern eine untergeordnete Rolle, nicht aber der Mönche.

Als ein weiterer Wegbereiter der Gartenkultur jener Zeit gilt der Dominikanermönch und scholastische Gelehrte Albertus Magnus (1193 bis 1280), der für seine Zeit außergewöhnliche naturwissenschaftliche Kenntnisse besaß. Diese eignete er sich als genauer Naturbeobachter unter anderem auf seinen zahlreichen Wanderungen durch Mitteleuropa von Lübeck bis Rom und von Paris nach Prag an. Er wird als erster bedeutender botanischer Schriftsteller in Deutschland gesehen und gilt als Wiederentdecker der wissenschaftlichen Pflanzenkunde, die durch Aristoteles begründet worden war. Als begeisterter Gärtner, ja Gartenkünstler war er bekannt. Sein Standardwerk über die Gartenpflanzen »De vegetabilibus, liber septimus de mutatione plantae ex silvestritate in domesticationem«, 1517 in Venedig veröffentlicht, und weitere Bücher von ihm fanden noch Jahrhunderte später den Zuspruch von Ärzten.

Das größte und bekannteste Werk dieser Zeit über Hauswirtschaft und Gartenbau stammt von Petrus de Crescentiis, einem Adligen aus Bologna, der dieses 1305 herausbrachte. Aus dem Mittelmeerraum brachten Mönche immer wieder neue Gewächse mit. Auch aus dem Vorderen Orient fand so manche Pflanze Eingang in unsere Gärten. Türkenbund, Rittersporn und Ysop, um nur einige zu nennen, brachten die Kreuzritter mit. Allesamt waren es Pflanzen, denen man eine große Heilwirkung nachsagte.

In zahlreichen Urkunden werden neben ländlichen Gärten vermehrt städtische im Stil der Bauerngärten erwähnt. Die städtischen müssen wie die bäuerlichen ebenfalls zur Selbstversorgung beitragen. Zu den bäuerlichen und bürgerlichen Gärten treten die Burggärten höfisch-ritterlicher Gesellschaft hinzu. Sie waren teils Ausdruck tiefer Liebe zu frühlingsbunten Gärten mit Bächen, Brunnen, Quellen, Lauben, frischem Gemüse, Ruhebänken und Kräutern. Doch die Realität sah meistens anders aus: Diese Burggärten waren keine Lustgärten, sondern Bauerngärten der einfachsten Art.

Nachdem die Bauern aber lange Zeit nicht einmal schreiben und lesen konnten, übten die mittelalterlichen Gartenanweisungen sicherlich nur einen indirekten Einfluß auf die bäuerliche Gartenkultur aus. Alles, was der Bauer wissen mußte oder wollte, wurde mündlich überliefert. Wie ein Bauerngarten zu jener Zeit also aussah, vermitteln uns nur die Schriften der Gelehrten, der Nachlaß der Reichen oder die Niederschriften der Abgaben, die die Bauern an die Lehnsherren zu entrichten hatten.

An der Schwelle zur Neuzeit – im 16./17. Jahrhundert

Die Renaissance brachte Schönheit in die Gärten

Mit dem Beginn des 16. Jahrhunderts gaben die Klöster ihre führende Rolle ab. Ärzte, Dorflehrer, Apotheker und reiche Bürger beschäftigten sich von nun ab mit der Pflanzenwelt, und der Bauerngarten trat in eine neue Phase. Nachdem sich bis zum Ausgang des Mittelalters die Einwanderung fremder Pflanzenarten sehr langsam vollzogen hatte, beginnt nun die kulturgeschichtliche Ära, in der der Bauerngarten zum verzierten Nutzgarten wird. In der Renaissance, der Wiedererweckung der Kunst und Kultur der klassischen Antike, zum Beginn der Neuzeit im 15. und 16. Jahrhundert, lernte man Gärten kennen, die den Schönheitssinn ansprachen. Als Vorbild nahmen sich Kleriker, Patrizier und reiche Bürger, die oftmals in Italien weilten, italienische Renaissancegärten. Aus dem 3. Buch des Petrus de Crescentiis holten sie ihre Anregungen. Sie schmückten ihre Gärten mit geschnittenen Hecken, Rondellen, Blumenrabatten und Buchseinfassungen. Die bäuerliche Bevölkerung holte sich Ideen aus den Gärten der Bürger, auf dem Dorf stellvertretend vom Garten des Lehrers oder Pfarrers.

So wird in der Renaissance wiederum – wie zur Zeit der Antike – der Bauerngarten nicht direkt von Italien aus beeinflußt. Beim Anblick eines typischen Renaissancegartens und eines Emmentaler Bauerngartens könnte man an direkten Einfluß denken, doch die wirklichen Beziehungen sind von komplexer und vielfältiger Natur.

Hauser meint, daß das Gesamtwerk des italienischen Gartens erst später entdeckt wurde. Man übersah nicht selten das Kunstwerk und verehrte nur das einzelne Kunststück.

Die Menschen dieser Zeit bemühten sich, getragen vom humanistischen Ideal, mit großem Eifer, die Geheimnisse der Natur zu ergründen. Wer die Zeichen der Zeit verstand, bemühte sich, alles verstandesmäßig zu erfassen und verließ sich nicht mehr wie im Mittelalter allein auf intuitives Fühlen und auf den Glauben. Das botanische und naturwissenschaftliche Interesse wurde erweckt, und man nahm sich aller Pflanzen an, nicht nur der nützlichen, sondern auch derer, die einfach schön blühten. Man sammelte sie, pflanzte sie in die Gärten und trug so zur Vermehrung der Artenvielfalt bei. Unter diesen Pflanzen war auch das Beerenobst, das Eingang in den Bauerngarten fand.

Mit der Entdeckung Amerikas und der Erschließung neuer Handelswege bis in die entferntesten Gegenden der Erde kommen zusätzlich zum erwachenden Forscherdrang neue Gewächse in die Bauerngärten und in Medizinal- und botanische Gärten, die zu dieser Zeit neu angelegt wurden. Sie verdrängten manche einheimische Zierpflanze, die sich draußen in der Natur wiederfand. Kräftig leuchtende Akzente und auffallende Buntheit dominieren von nun ab in den Gärten. Allen voran steht die Sonnenblume. Die Kapuzinerkresse wie die Dahlie sind seitdem aus den Bauerngärten nicht mehr wegzudenken. Die Kaiserkrone, Hyazinthe, Tulpe und der Spinat kamen schon früher zu uns. Kreuzfahrer und Kaufleute brachten sie aus dem Morgenland mit.

Der Humanismus im 16./17. Jahrhundert und sein Einfluß auf die Gartenkultur

Großen Einfluß auf die Gartenkultur des 16./17. Jahrhunderts hatten Naturforscher, die dem Humanismus und damit antiker Tradition aufgeschlossen begegneten. Es entstanden berühmte Kräuterbücher aus den Federn von Hieronymus Bock, Otto Brunfels, Leonhard Fuchs, Conrad Gessner und Paracelsus, die nach der Erfindung der Buchdruckerkunst Anfang des 15. Jahrhunderts das erste Mal als gedruckte Werke zur größeren Verbreitung vorlagen. Diese schönen, realistisch und reichlich illustrierten Kräuterbücher trugen zur weiteren Verbreitung des Wissens um die Heilkräuter bei und wurden zum kostbaren Familienbesitz, der immer weiter vererbt wurde.

1530 erschien von Otto Brunfels, zuletzt Stadtarzt in Bern, das Buch »Contafayt Kreuterbuch« mit besonders naturgetreuen Pflanzendarstellungen und einer volkstümlichen Beschreibung dieser Pflanzen, die auf eigenen Beobachtungen und Erfahrungen beruhten.

Neun Jahre später, 1539, brachte der Pfarrer, Arzt und Botaniker Hieronymus Bock sein »Kreuterbuch« heraus, in das er insgesamt 800 Pflanzen in eindrucksvollen Holzschnitten aufnahm, die er alle selbst kannte. Seine Absicht war es, mit der Vorstellung der Kräuter und dem Aufzeigen ihrer Heilwirkung dem Volk bei Krankheiten zu helfen, zu dienen und es über die Kräuterlehre aufzuklären. Kräuter, die in deutschen Landen wachsen, seien »vorab dem gemainen einfaltigen Mann« nützlich, verkündete er in seinem Buch. Er warnte vor »abergläubischem, abgeschriebenem Zeug, an das kein Bauer mehr denkt«. Die gefüllte Pfingstrose, heute in jedem Bauerngarten anzutreffen, taucht in seinem Werk das erste Mal auf. Über sie merkt er an, daß »die aller edelst und schönest noch sehr frembd ist, welche mir der getrew her Jörg Oellinger von Nürnberg (Apotheker) aus sonderer lieb und freundschaft zugeschickt hat«.

Leonhard Fuchs aus Wemding am Ries, Professor in Tübingen – nach ihm ist die Fuchsie benannt – brachte 1543 sein »New-Kreuterbuch« heraus, »das es dem gemeinen man zu der erkantnuß der kreuter moechte nützlich sein«. Hierin geht er auf die »namen« und die »krafft und würkung« der Pflanzen ein. Um die 500 Gewächse werden beschrieben. Sein Anliegen war es, sich die Kräuter in den Garten zu pflanzen, damit Arzt und Leute mehr über sie erführen; allerdings nicht in der Absicht, daß man den Gang zum Arzt scheute und sich selbst im Krankheitsfalle mit Kräutern auskurierte. Über die Melisse wußte er zu berichten, daß eine ihrer Wirkungen sei: »Das wasser darin das kraut gesotten, im mund gehalten, stillt den weetagen die zän.« Gekochter Kohl sei nützlich für den, »wer ein blödes Gesicht hat«. Dies war aber sicher nicht der Grund, daß der Kohlanbau zu seiner Zeit im Garten weite Verbreitung fand... Einheimische Blumen mit gefüllten Blüten traten jetzt auf. Die Goldknöpfchen (Ranunculus bulbosus, R. acris, R. repens) und das gefüllte Gänseblümchen fanden sich in den Gärten ein.

Zum ersten Mal wurden im 16. Jahrhundert Blumen ihrer selbst willen gepflanzt. Der Arzt und Botaniker Charles de l'Ecluse, Clusius genannt, 1526 bis 1609, trug maßgebend dazu bei, daß Neuankömmlinge unter den Pflanzen weitere Verbreitung fanden. Von vielen Reisen brachte er Pflanzen mit, die alsbald in österreichisch-habsburgischen Gärten blühten. Die erste Tulpe begegnete ihm 1559 in Augsburg, sie stammt aus Konstantinopel. Hyazinthen und Scillen kamen aus Kleinasien. Den ersten Flieder sah man 1589 in Wien, er kam aus Südosteuropa; vielleicht auch wie die Kaiserkrone aus Persien. Heute noch in Bauerngärten anzutreffen ist das »Hemdsknöpfl« (Achillea ptarmica fl. pl.), das 1601 von ihm zum ersten Mal publik gemacht worden ist. Seit 1563 kennt man bei uns die Roßkastanie, die so manchen Bauernhof ziert; eingeführt wurde sie aus Nordgriechenland.

Entscheidend beeinflußt hat aber auch Conrad Gessner, Naturforscher, Historiker und Arzt aus Zürich (1516 bis 1565), die Gartenkultur des 16./17. Jahrhunderts. Er befaßte sich sehr intensiv mit der Flora, legte nicht weniger als drei Gärten an und stattete sie mit seltenen, von ihm gesammelten Pflanzen aus. Als Ergebnis seiner intensiven Forschungen bringt er 1561 »Horti germaniae – Die Gärten Deutschlands« heraus. Ein Werk, in dem er die Gärten unseres Landes einschließlich des exakt gesammelten Inventars beschrieben hat. Da sein Hauptinteresse den Raritäten gilt, kommt die Beschreibung bäuerlicher Gärten etwas zu kurz. Sein eigentliches Ziel war es, und dieses hat er auch erreicht, uns mit den Pflanzen, die in den Gärten gehegt und gepflegt worden sind, bekannt zu machen.

Dank seiner Freundschaft mit dem Apotheker Renward Cysat in Luzern, der besonders enge Kontakte zu Bauern pflegte, kommen ihre Erkenntnisse auch bäuerlichen Gärten zugute. Ihr Pflanzenbestand wird bekannt und weitet sich auch entsprechend aus. Spinat, Borretsch, Lauch, Benediktenkraut, Endivie, Fenchel, Lavendel und vieles mehr wuchsen in den Gärten. Auch den Buchs traf man immer wieder als Beeteinfassung an. Rosen verschiedenster Arten, kultivierte und wilde, wurden von ihm beschrieben. Die Tulpe sah er in keinem bäuerlichen Garten. Ebenso nennt er die Würzpflanzen, die damals in den schweizerischen, sicher auch in den angrenzenden Gebieten Oberschwaben und Südschwarzwald gehalten wurden. In Gessners Garten fand sich das erste Mal die Brennende Liebe ein, als Flos Constantinopolitanus, was auf ihre Herkunft aus der Türkei hindeutet.

Cysat (1610) brachte aus Italien neue Birnensorten und Pfirsiche mit. Er machte sich um den Obstbau sehr verdient und war wohl einer der ersten Gelehrten, die sich mit der Schädlingsbekämpfung beschäftigten. Ihm entging auch nicht, daß die Bauersfrauen Katzenminze, Rosmarin, Narzisse und gefüllte Kranz-Lichtnelken in ihren Gärten hielten.

In jener Zeit haben auch Petrus Andreas Matthiolus (1544) und Jakobus Theodorus Tabernaemontanus (1588) sowie Theophrastus von Hohenheim, Paracelsus genannt, Bücher und Schriften über die Gartenkultur, die Kräuter und deren medizinische Wirkungen verfaßt.

Alle diese schriftlichen Dokumente vermitteln das Wissen der Verfasser aber auch die Erfahrungen aus dem Volk über eine naturwissenschaftliche Gartenkultur im 16./17. Jahrhundert. Wir erfahren ebenso, daß damals, und das ist neu, Pflanzen nicht nur ihres Nutzens wegen gehegt wurden, sondern einfach ihrer Schönheit wegen. Der Mensch an der Schwelle zur Neuzeit konnte sich erstmals etwas Luxus leisten. Die Jakobs- oder Himmelsleiter (Polemonium coeruleum), schrieb Tabernaemontanus in seinem 1588 gedruckten Kräuterbuch, sei weder äußerlich noch innerlich als Heilmittel zu verwenden. Als Zierde für Sträuße und Vasen eigne sie sich aber.

Fürstbischof von Eichstätt, Johann Conrad von Gemmingen, ließ 1613 über 1000 Blumen seiner großzügig angelegten Gartenanlage auf 367 Kupferstichen abbilden. Ein beeindruckendes Werk, das zeigt, daß sich zu den überwiegend aus südlichen Gefilden kommenden Pflanzen heimische Gewächse aus Wiesen und Wäldern hinzugesellt hatten. Maiglöckchen, Türkenbund, Fingerhut, Bergflockenblume, Schneeglöckchen, Mondviole, Weidenröschen und die Pfirsichblättrige Glockenblume bereicherten zunächst die Gärten wohlhabender Leute in der Stadt. Aus diesen Bürgergärten fanden sie dann allmählich auch ihren Weg in die Bauerngärten. Hier mußten sie sich in der rauhen Wirklichkeit, bei jedem Wetter, ohne allzu fürsorgliche Pflege bewähren. Manche Pflanze, die diesen Bedingungen nicht standhielt, verschwand wieder aus dem Bauerngarten, der sich trotz allem nun vom »reinen« Nutzgarten zum »verzierten« Nutzgarten gewandelt hatte.

Der Dreißigjährige Krieg und die Zeit der Hausväterliteratur

Die Landwirtschaft kam zu neuer Blüte. Doch diese dauerte nur kurze Zeit, der Dreißigjährige Krieg (1618 bis 1648) beendete dieses Aufblühen. Er vernichtete die Arbeit vieler Generationen und führte zur Verarmung deutscher Völker. Jedes Stückchen Erde wurde für den Gemüseanbau gebraucht. Kraut und Kohl garantierten das Überleben, Blumenduft und Blütenfülle waren nicht mehr gefragt. Lange Jahre der Ausbeutung durch Wallensteins Truppen und die der Schweden, des Frondienstes und der Leibeigenschaft, der Verachtung durch Adel und Bürgertum, der Recht- und Besitzlosigkeit für den Bauern haben jegliche Gartenkultur in Deutschland vernichtet. Anders in England, dort entwickelten sich die Gärten zu ungeahnter Blüte.

Zwei bemerkenswerte Wandlungen setzten dennoch im 17. Jahrhundert ein. Bis dahin wurden Obstgärten in der Nähe des Hofes gehalten. Allmählich aber wurde es Brauch, auch Felder, Wiesen und Wegränder mit Obstbäumen zu bepflanzen.

Schließlich wandelte sich in der zweiten Hälfte des 17. Jahrhunderts die Gartenliteratur. Eine neue Gattung von Büchern erschien, die sogenannte „Hausväterliteratur". Sie wurde von Hausvätern geschrieben, jenen praktisch wie theoretisch versierten Agrarschriftstellern, die sich der barocken Darstellungsweise und Sprache bedienten und Regeln und Anleitungen zur Hauswirtschaft, zur Land- und Forstwirtschaft gaben. Der Garten jedoch spielte auch bei ihnen die wichtigste Rolle. Aus ihm wollten sie einen möglichst großen ökonomischen Nutzen ziehen. Die intensive Vermittlung des Wissens über Erzeugung und Verbrauch auf dem Hof und im Garten lagen ihnen sehr am Herzen. Ebenso gaben sie Koch- und medizinische Rezepte, allgemeine technische, astronomische und astrologische Kenntnisse weiter. Sogar Mittel über Alchemie trifft man in diesen Büchern an. Kurzum ein ganzes Sammelsurium von Detailwissen verschiedener Art und Qualität breitet sich vor dem Betrachter ihrer Bücher aus. Da das Wissen dieser Zeit aber schon so zugenommen hatte, war es selbst in einem umfangreichen und dicken Hausväterbuch nicht mehr vollständig unterzubringen. So entstanden separate Bücher über die Verwaltung sowie Kräuter-, Tier- und Gesundheitsbücher. Aber auch reine Gartenbücher wie »Der Pflanzgart« des Berners Daniel Rhagor von 1639, das den Obst-, Kraut- und Weingarten beschreibt, gesellten sich dazu.

Ohne Ausnahme aber haben sich alle Hausväter auf die Schriftsteller der Antike gestützt. Otto Brunner, so ist bei A. Hauser nachzulesen, ist der Meinung, daß die Hausväter nur verstanden werden können, wenn wir sie in eine große literarische Überlieferung einordnen, welche von den Griechen über die Römer zu den Scholastikern und von diesen über die Humanisten bis zu den Rationalisten des 18. Jahrhunderts führt.

Aus der Fülle der Autoren, die dicke Ratgeber für die Haus- und Landwirtschaft verfaßt haben, seien aus dem deutschen Sprachraum Glorez, Hirsch und Kohler (Colerus) genannt. Auch die Bücher des Kupferzeller Pfarrers Johann Friedrich Mayer können in diese »Sparte« Literatur eingereiht werden. Ja sogar ein ganz im Jugendstil illustriertes und um die Jahrhundertwende herausgebrachtes Werk, das »Schatzkästlein des guten Rats« mit 700 Seiten Umfang, kann noch hinzugerechnet werden; kam doch die Hausväterliteratur im 19. Jahrhundert zu einer zweiten Blüte.

Die Schweizer Hausväterliteratur ist mit den Namen D. Rhagor und Emanuel König aufs engste verbunden, dessen Buch »Georgica helvetica curiosa« 1705 erschienen ist. Gegenüber Rhagors Buch enthält dieses, noch ganz der Tradition des 17. Jahrhunderts verpflichtete Buch, einige Neuigkeiten. Neue Gartengewächse kommen hinzu, wie der Buchs, aber auch kleine Zwergbäume – die Spalier- und Buschbäume. Alle Elemente des französischen Barockgartens findet man in E. Königs Buch.

Wer beschäftigte sich nun mit solchen umfangreichen Büchern? Königs Handbuch mit über 1000 Seiten ist noch handlicher gewesen, als die großen Handbücher anderer Autoren, z. B. die von Colerus und Hohberg. Wie nachträglich festgestellt werden konnte und auch leicht nachvollziehbar ist, waren sie Mönchen, Gelehrten und Besitzern von Landgütern vorbehalten. Zeit und Geld spielte auch in früheren Jahrhunderten bei der Wissensvermittlung eine große Rolle. Die Literatur und ihre Leser waren es, die die Gartenkultur des 17. Jahrhunderts maßgebend gefördert haben.

Die Barock- und Rokokozeit

Eine nie dagewesene Pracht erblüht im 18. Jahrhundert

Die Barock- und Rokokozeit des 18. Jahrhunderts knüpften in der Gartenkultur an den Stand vor dem Dreißigjährigen Krieg an. Sie brachte den Bauern gegen Ende wieder mehr Unabhängigkeit und Freiheit und ließ die Bauerngärten in einer nie dagewesenen Pracht erblühen. Gestaltungselemente aus herrschaftlichen Gärten sowie die wegweisende französische Gartenkunst kamen von nun an auch in den Bauerngärten vor. Frankreich, aber auch Holland, gaben die entscheidenden Impulse. Die französische Sprache und Mode, der Lebensstil des französischen Hofes wurden als vorbildhaft empfunden und so gut es ging nachgeahmt. Der französische Gartenstil zog alle Aufmerksamkeit auf sich und wurde immer mehr dem italienischen vorgezogen. Der klassische fanzösische Garten hatte aber aus italienischen Gartenkunstschöpfungen wertvolle Anregungen gezogen.

Der Garten wurde wie nie zuvor zur eigenen Machtdemonstration verwendet. Der Sonnenkönig, Ludwig XIV., schuf mit dem Schloß in Versailles und seiner Gartenanlage den Grundstock für einen Neubeginn der Gartenkunst. Klöster, Kaufleute, Unternehmer bauen neue Gartenanlagen, und wohlhabende Bauern und Bürger versuchen, diese nachzuahmen. Ein gewisser Wohlstand und äußerer Friede tragen im 18. Jahrhundert hauptsächlich in der Schweiz dazu bei, daß sich stattliche barocke Gärten auch auf dem Land entwickeln konnten. Wer etwas auf sich hielt, hatte einen schönen Garten in barocker Ausführung, zumindest aber mit barocken Elementen ausgestattet. Ja sogar die Natur mußte sich unterordnen, sie wurde einem Reglement unterworfen. Bäume und Sträucher durften nicht mehr wachsen, wie sie wollten. Sie wurden zurechtgeschnitten. Buchs und Eibe eigneten sich besonders gut zum Figurenschnitt. Kugel-, Pyramiden- und Säulenformen, ja sogar Tierfiguren zierten die Gärten.

Blumengruppen, in Beeten ornamentartig gefaßt, und die Beete von Buchs gesäumt, Springbrunnen und Blumenrondelle im Schnittpunkt der Wege, Pflanzen in Kübeln, barocke Gartenhäuschen zeichnen die neu angelegten architektonischen Herrschaftsgärten aus. Dennoch, nicht alles Fremdländische wurde kompromißlos übernommen. Neues wurde mit Altem, Fremdes mit Eigenem regional unterschiedlich verschmolzen. So entstanden mannigfache Gartenanlagen mit unterschiedlichster Ausgestaltung und Blumenarrangements. Klassische Barockgärten gab es zumindest in großen Städten in Hülle und Fülle. Allein in Nürnberg soll es zur Zeit des Hochbarocks über 400 Luxusgärten gegeben haben. Der Adel, Bürgertum, Kirche und Klöster, waren dieser neuen Kunstrichtung relativ schnell zugetan. In Klostergärten konnte inzwischen eine stattliche Zahl verschiedenartigster Gewächse bestaunt werden. Kräuter, Gemüse und Blumen in allen Züchtungen wurden dort gehegt und gepflegt. Form und Farbe variierten. Gefüllte Blumen wuchsen ebenso selbstverständlich wie die vor kurzem fast noch unbekannte Kartoffel.

Etwas längere Zeit brauchte es, bis barocke Stilelemente Einzug in bäuerliche Gärten hielten, bis das Sortiment an Gemüse und Salat ebenso reichhaltig war wie im Klostergarten.

Fasziniert von dieser Art der Selbstdarstellung taten es die Bauern in gleicher Weise. In barocker Manie wurde neuentstandener Bauernstolz, neugewachsenes Selbstbewußtsein und ein gewisser Wohlstand im eigenen Garten demonstriert. Liebenswerte barocke Gestaltungselemente und größere Pflanzenauswahl haben sich eingefunden: buchsumsäumte Beete, Blumenrondelle im Wegkreuz und kunstvoller Figurenschnitt von Eibe und Buchs erfreuen sich immer größerer Beliebtheit bei den Bäuerinnen und werden zum Statussymbol des Bauerngartens. Ordnung und ästhetische Ansprüche werden immer mehr auf die Spitze getrieben, in den Herrschaftsgärten wie in den Bauerngärten. Geschnittene Buchsbäume, akkurat eingefaßte Beete, strenge Symmetrie dominieren im Bauerngarten. Er ist durch starken architektonischen Einfluß nur noch halbe Natur bzw. halbes Leben. Dieser starke Eingriff in die Natur des Gartens zur Barockzeit, mehr noch die überzüchtete Lebensart des Rokoko, läßt nicht lange auf seine Kritiker warten. In Frankreich erinnert Jean-Jacques Rousseau mit seinem »Zurück zur Natur« wieder an die Grundwerte des Lebens. In England legt man als Reaktion auf diesen gekünstelten und unnatürlichen Umgang mit der Natur im Garten den Landschaftsgarten an, in dem der Natur großzügig freier Raum gewährt wird.

In Deutschland aber bleibt der Barock und das Rokoko im Bauerngarten noch einige Zeit erhalten. Stilelemente dieser Kulturepoche sind selbst dann noch vorhanden, als schon kulturhistorische Strömungen wie Empire, Biedermeier, Neoklassizismus und Gründerzeit Einfluß auf die Gartengestaltung und auf den Lebensstil in Europa genommen haben.

Daß herrschaftliche Gärten als Formbilder und Vorbilder für den Bauerngarten im 18. Jahrhundert wirken konnten, kann nur auf dem Hintergrund der allgemeinen sozialen und ökonomischen Wandlungen verstanden werden. Bis dahin war die bäuerliche Wirtschaft auf Selbstversorgung ausgerichtet. Im 18. Jahrhundert wird sie aber mehr und mehr in die allgemeine Wirtschaft integriert. Bäuerliche Erzeugnisse treten vermehrt auf den Stadtmärkten auf. Eine kapitalistisch orientierte Industrie faßt umgekehrt Fuß bei den Bauern und fördert deren Wohlstand. Überkommene Formen altbäuerlicher Wirtschaft und Lebensweise sind im Begriff sich langsam aufzulösen. Die Eß- und Kleiderkultur ändert sich. Genießen und Besitzen werden zum Statussymbol erkoren, zumindest von denjenigen, die etwas auf sich halten. Und so wird es auch verständlich, wenn der Garten nach städtisch-patrizischen Vorbildern neue Gestalt gewinnt. Auf Schönheit wurde geachtet und nach Raritäten Ausschau gehalten. Man besorgte sich neue, seltene, fremde und exotische Blumen. Heyer spricht in diesem Zusammenhang von »Tulpomanie« und von einer allgemeinen »Exoten-Manie«. Er meint, daß kein Jahrhundert wie das 18. so aufgeschlossen war, neue Kulturpflanzen einzuführen. Aber man nahm sich in diesem Jahrhundert »der grundlegenden Wandlung in der bäuerlichen Wirtschaft«, das darf nicht außer acht gelassen werden, auch vermehrt des Anbaus von Gemüse und Obst an. In der Schweiz waren es vor allem die sogenannten »Patriotischen Ökonomen«, die sich des Bauerngartens aus rationaler Sicht angenommen hatten. Sie traten im Hinblick auf eine vielseitige Ernährung der Landbevölkerung für Verbesserungen des Gartenbaus ein.

Mittel gegen Gartenschädlinge wurden propagiert. Ebenso machten sie die Bäuerinnen und Bauern mit neuen Gemüse- und Salatsorten bekannt. In Gesprächen mit Bauern versuchten sie zu überzeugen, daß der Nutzen im Garten größer sei, als der Aufwand. Sie ermunterten sie, neben der Feldarbeit, den Gartenanbau nicht zu vergessen. Die im eigenen Land wachsenden Früchte seien den importierten Nahrungs- und Genußmitteln vorzuziehen. Eine Forderung übrigens, die heute wieder sehr aktuell ist und durchaus breiteren Raum in politischen Diskussionen einnehmen sollte, um danach aus Energieeinsparungs- und Umweltschutzgründen in die Tat umgesetzt zu werden.

Die Zeit wirtschaftlicher, soziologischer und geistiger Wandlungen – 19. und 20. Jahrhundert

In der Mitte des 19. Jahrhunderts droht der gute, alte Bauerngarten zu verschwinden

Das 19. Jahrhundert ist geprägt durch allgemeine wirtschaftliche, soziologische und geistige Wandlungen. Die ökonomischen Grundlagen der Bauern besserten sich durch Eintritt der Landwirtschaft ins technische Zeitalter und die daraus resultierende intensivere Bewirtschaftung. Den Bauern brachte das Jahr 1848 die langersehnte Freiheit und mit ihr die Sicherung des Grundeigentums.

Widersprüchlich sind die Meinungen in der Literatur über den Fortgang der Gartenkultur. Einerseits wird festgestellt, daß viele Bauern der Meinung sind, daß der Besitz eines schönen Gartens sich nicht schicke. Ja sogar, daß die Blumenzucht im Volk, zumindest im schweizerischen, keine besondere Zuneigung finde, »sowenig, als sie irgendeinen Gewinn bringt«. In der Mitte des 19. Jahrhunderts erscheinen regionale Bestandsaufnahmen von Bauerngärten unter kulturgeschichtlichem Gesichtspunkt, wobei erstmals festgestellt wird, daß der gute, alte Bauerngarten zu verschwinden droht.

In dem 1855 von Anton Kerner veröffentlichten Buch »Die Flora der Bauerngärten« erfährt man, daß schon zu jener Zeit »abgeschlossene Gebirgstäler« durchstreift werden mußten, um die von modischen Einflüssen »unangetastete Gartenflora« zu finden. Daß schon damals nach althergebrachten Bauerngartenpflanzen gesucht werden mußte, ist leicht zu verstehen, weiß man doch, daß viele der typischen und heute so beliebten Bauerngartenpflanzen, wie das Tränende Herz, die Balsamine, die Tigerlilie, die Sommeraster, die Chrysantheme, das Indische Springkraut, aus China, Japan und Südostasien, um nur einige zu nennen, gerade in diesem Zeitraum, dem Ende des 18. und im 19. Jahrhundert, Eingang in die Bauerngärten fanden und angestammte Pflanzen dabei stark verdrängten.

Rudolf von Fischer-Benzon bedauert 1894 in seiner »Altdeutschen Gartenflora«, daß die Pflanzen alter, durch die moderne Kultur wenig beeinflußter Gärten, kaum noch zusammengestellt werden können. Ebenso sei die große Übereinstimmung, die die Gärten früher zeigten, nicht mehr vorhanden.

Andererseits wird von Trauer über den Verlust an traditionellen Bauerngärten auch vom »freudigen Fortschreiten« der Gartenkultur berichtet und davon, »daß sich neue Gewächse in den Gärten finden«.

Der Sinn für das Schöne und Liebliche habe zugenommen, wurde ebenso registriert. Für die Schweiz galt der alte Grundsatz, es müsse bei jedem Haus auf dem Lande auch ein Garten sein. Dieser ist nun in die Tat umgesetzt worden. Es finden sich nur noch wenige Häuser vor, bei denen keine Gärten angelegt sind.

Verschiedene Strömungen, die auf die Entwicklung des Bauerngartens Einfluß nehmen wollen, bilden sich heraus. Ein Verfaser im »Landwirtschaftlichen Wochenblatt« von 1862 stellt mit großer Genugtuung fest, daß viele alte Bauerngärten im französischen Stil in den letzten fünfzehn bis zwanzig Jahren verschwunden seien. Tatsache ist, daß die Elemente der klösterlichen Gartenanlage vielerorts durch bürgerliche Gärten, die zum Vorbild genommen wurden, verdrängt worden sind. Manche Gärtner meinten es ernst mit dem Vorschlag, anstelle von Exoten wieder heimisches Pflanzenmaterial im Garten zu verwenden. Von Buchseinfassungen wurde gegen Ende des 19. Jahrhunderts ebenso abgeraten, da sie öfters verpflanzt und geschnitten werden müßten und außerdem Ungeziefer anzögen.

Das Nützlichkeitsdenken griff immer mehr um sich. Auf der Strecke blieb eine jahrhundertealte Gartentradition. Bei all diesen unterschiedlichen Strömungen und Betrachtungsweisen über die Funktion des Bauerngartens wurde im 19. Jahrhundert – mit dem Beginn der Industrialisierung – der traditionelle Bauerngarten immer mehr unter dem Gesichtspunkt der Rationalisierung, der natürlichen Einfachheit, Regelmäßigkeit und Bequemlichkeit gesehen. Dennoch konnte sich bis in die Anfänge des 20. Jahrhunderts großenteils dank dem zähen Festhalten am Überlieferten und Altbewährten und an alter ländlich-bäuerlicher Denk- und Lebensweise – bis dahin eine besonders bäuerliche Tugend – der ursprüngliche Bauerngarten noch halten.

Das 20. Jahrhundert – der pflegeleichte Garten mit dem Rasen als Herzstück wird zum Statussymbol

Dann aber im 20. Jahrhundert, immer noch einer Zeit tiefgreifender ökonomischer und sozialer Umbrüche, während sich die Diskussion um eine zeitgemäße Gartengestaltung fortsetzt – ob der Garten »landschaftlich« oder »architektonisch« zu gestalten sei, ob der »Naturstil« oder der »Kunst-« bzw. »Kulturstil« besser sei –, hält der pflegeleichte Garten mit dem Rasen als Herzstück Einzug und wird zum Statussymbol. Doch auch diese Wandlung vollzieht sich langsam und in Etappen. In den ersten drei Jahrzehnten des 20. Jahrhunderts herrscht noch die bäuerliche Denk- und Lebensweise des 19. Jahrhunderts vor, die dem traditionellen Bauerngarten in weiten Teilen des Landes seinen Bestand sichert. Die Bauern hielten vielfach am Bekannten und Bewährten fest. Bauern- und Wetterregeln hatten noch ihre Bedeutung. Die Zeichen- und die Lostage wurden ebenfalls beachtet. Beim Gartenbau schaute man auf den Mond, ob er ab- oder zunahm. Es galt die Regel: »Was nach unten wächst, säe im zunehmenden Mond.« Es dauerte aber nicht lange, und die Einstellung zu diesen Regeln änderte sich. Sie wurden als Aberglaube abgetan. Zwischenzeitlich haben aber zahlreiche Forschungen bestätigt, daß es tatsächlich gewisse Zusammenhänge zwischen dem siderischen Mondumlauf und dem Wachstum von Pflanzen gibt. Doch auch das gesamte Leben mit allem, was an ihm hing, änderte sich. Auch der Bauerngarten wurde davon betroffen. Eine neue, moderne Zukunft wurde widerspruchslos angenommen.

Schon um die Jahrhundertwende beklagte man Zierrasen und Teppichbeete vor dem Bauernhaus, erst recht in den späteren Jahrzehnten bis in die heutigen Tage hinein. Im Gegensatz zu heute ging jedoch früher die Offenheit gegenüber dem Neuen und Modischen mit der Erhaltung des Bewährten einher. Radikale Veränderungen im Gartenstil, der Austausch des gesamten Pflanzenbestandes auf einmal, war damals noch nicht aktuell. In seiner »Flora alter Bauerngärten und Friedhöfe« bedauerte Hans Scherzer, 1922, die Verdrängung der »guten, alten Bauernblumen durch wenig sagende Modeblumen«. Marzell waren 1927 die »recht unschönen Zäune aus billigem Drahtgeflecht« ein Dorn im Auge. Aber auch in dieser Zeit wird der schöne, alte Bauerngarten von professionellen Gartengestaltern wieder neu entdeckt und zu neuem Leben erweckt. Vom Leben auf dem Lande schwärmt der weithin bekannte Architekt Muthesius, der sich für seine zu gestaltenden Landhausgärten an bäuerlichen Gärten orientiert. »Einheimische« Pflanzen wurden gepriesen. Ebenso die altbewährten Heilkräuter wiederentdeckt, die gerade dabei waren – im Zeichen des Fortschritts der modernen Medizin –, im Bauerngarten zu verkümmern. Bei der Aufwertung des Hausgartens – in der Zeit um 1925 – in Richtung eines Gemüsegartens zur Selbstversorgung wird der Bauerngarten gern als Beispiel herangezogen. Allgemein ist festzustellen, daß der Bauerngarten in den zwanziger Jahren trotz aller Widrigkeiten eine gewisse Wiedergeburt erlebt. »Dort, wo sich die ländliche Kultur aus natürlicher Selbstsicherheit gegen modischen Fortschritt behaupten konnte, wo nicht Siedler oder Pendler zwischen Dorf und Stadt einen ›angepaßten‹ Gartenstil entwickelten, dort hielt sich nicht nur der Bauerngarten in seiner gewachsenen, kulturellen Eigenart, sondern erneuerte sich, ging mit der Zeit, übernahm an Neuerungen nur, was notwendig war, mehr nicht.«

(W. Nowak-Nordheim)

Noch mehr Interesse am Bauerngarten wurde in der Zeit des Nationalsozialismus bekundet, von seiten der Behörden, aber auch der schreibenden Zunft. Auch damals wurde der weitere Rückgang der Bauerngärten mit ihren alten Gewürz- und Heilpflanzen sowie Blumen registriert und bedauert. Man empfand, daß die neuen Zierpflanzen nicht immer schöner seien als alte, biedere Bauerngartenpflanzen. Aus Sorge um die Dorfkultur und Landbevölkerung, sicher aber auch um nationalsozialistisches Gedankengut unter das Volk zu bringen, nahm man sich emotional, aber auch sehr sachlich, dieses Gartentyps an. In dieser Zeit wurden zahlreiche Arbeiten über den Bauerngarten veröffentlicht.

Auf fruchtbaren Boden jener Zeit der Rückbesinnung auf Heimatliebe und eigene Geschichte fiel die Feststellung von Hasler im Jahre 1939, »daß es den Bauerngarten überall in Europa gäbe, aber in den germanischen Ländern erreiche er eine bedeutend höhere Stufe als im Mittelmeergebiet, und die ausgeprägteste Form habe er in Skandinavien«. »Echte völkische Kunst nordischer Völker...« sah man speziell in deutschen Gärten.

Es war die behördliche Absicht, einen bodenständigen, deutschen Gartenstil zu entwickeln, den Bauerngarten dabei immer im Auge behaltend, den man als Idealgartentyp germanischen Ursprungs betrachtete. Unbestritten ist, daß dieses Sich-Erinnern an vergangene Zeiten manchen traditionellen Bauerngarten vor dem Untergang bewahrt bzw. ihn neu ins Leben gerufen hat. Landespflege wurde als germanische Ursprungskultur angesehen. Dorfverschönerung war eine nationalsozialistische Pflicht. Dies kam dem Bauerngarten und dem Dorf zugute. Tadellose Ordnung und peinliche Sauberkeit gehörten zum obersten Gebot. Der geometrische Bauerngartentyp mit Buchseinfassung der Beete wird zum verbindlichen Vorbild erklärt. Er blieb ein Wunschbild, da er sich flächendeckend auch zu jener Zeit nicht mehr durchsetzte. Zusehends litt die Bauerngartentradition unter dem Krieg. Der Selbstversorgungsgarten und die Erzeugungsschlacht von Nahrungsmitteln hatte Hochkonjunktur. Nach Ende des Krieges verlor der traditionelle Bauerngarten aber vollends an Bedeutung – bis zum heutigen Tage.

Die Nachkriegszeit – pflegeleichte Vorgärten treten an Stelle artenreicher Bauerngärten

Es wirft sich die Frage auf: Was war in der Nachkriegszeit mit den Bauerngärten geschehen?

Die Lebensform und die Landschaft änderten sich radikal, was eine Verarmung in den Gärten mit sich brachte. Die heutigen Umstände und Gewohnheiten zerstörten seine Gestalt nach und nach. Die Abhängigkeit vom Garten ist kaum noch vorhanden. Man kommt ohne ihn aus. Obst und Gemüse kann überall gekauft werden. Der Arzt ersetzt die Apotheke im Garten. Tadellose Ordnung und peinliche Sauberkeit wurden als erstrebenswertes Ideal herausgestellt; jahrzehntelange Hygieneerziehung war vom Erfolg gekrönt. Das schöne Alte, egal ob es sich bewährt hatte, mußte dem Neuen weichen. Vorhandenes wurde, wenn nicht ganz verdrängt, so doch in seiner ursprünglichen Art stark verändert. Der Einfluß städtischer Gärten ist bis in die entlegensten Bauerngärten vorgedrungen. Entstanden sind nun Gärten mit gepflegten Rasen, mit Blaufichten und fremdländischem Zuchtpflanzenbesatz. Sie sind hauptsächlich zur Zierde da, man stellt sie zur Schau. Von pedantischem Ehrgeiz gepackt, immer den Garten des Nachbarn im Auge behaltend, läßt man nichts Bodenständiges mehr aufkommen. Von Pflanzen, mit denen man aufgewachsen ist, hält man nichts mehr. Die Werbung der Gartencenter hat sie einem gründlich ausgeredet; man schämt sich ihrer, und wer will schon als altmodisch und rückständig gelten?

Die natürliche Vielfalt ist einer grünen Einfalt oder einem Durcheinander von Katalogpflanzen gewichen. Verschwunden sind die alten Hausbäume, die Obstbäume mit wohlklingenden Namen. Irgendwie, irgendwann waren sie im Weg. Abgeholzt der Prämie wegen oder einfach, weil das Laub im Herbst so nutzlos herumlag und es noch keine Mülleimer gab. Ebenso erging es der Brennessel. Wo immer sie stand, wurde sie attackiert. Mit der Brennessel sind viele weitere Ruderalpflanzen als Zeugen der alten bäuerlichen Wirtschaft und Kultur selten geworden oder bereits aus den Dörfern und Bauernhöfen verschwunden.

Die Gänsemalve, Mehlige Königskerze, Herzgespann oder Schwarznessel waren in früheren Jahrhunderten begehrte Heilkräuter. Es gilt, diese Pflanzen wieder zu erkennen und zu würdigen, insbesondere bei der »Dorfsanierung und Dorfverschönerung«. Die Wegrationalisierung des dörflichen Grüns durch Teer und Pflaster in Folge rücksichtsloser Verkehrsplanung gilt es rückgängig zu machen, wie es den schleichenden Tod der Landwirtschaft aufzuhalten gilt. Dem Rückgang der Selbstversorgung muß entgegengewirkt werden. Es kann doch nicht von Dauer sein, daß »die ganze Welt zur Ernährung eines Dorfes beitragen muß«.

Pflegeleichte Vorgärten sind an die Stelle artenreicher Bauerngärten getreten. Mit der Manifestation dieser neuen Gartentypen scheint die Zeit des alten, geschichtsträchtigen Bauerngartens in den Dörfern zu Ende gegangen sein.

Es ist zu hoffen, daß die rein rationale Weltanschauung, die zu seinem Verschwinden beigetragen hat, bald abgelöst werden wird durch eine psychologisch-geistige und moralische Denkweise. Ethik und Ästhetik müssen auch für den Bauern ernstzunehmende Werte sein, damit die Landwirtschaft und mit ihr der Bauerngarten wieder eine Renaissance erleben können. Zeit und Kraft müssen der Bäuerin wiedergegeben werden; denn dies erfordert die Gartenarbeit.

Die unter kultur- und sozialgeschichtlichen Gesichtspunkten in Freilichtmuseen angelegten Bauerngärten können hierbei wichtige Start- und Orientierungshilfen geben, um begangene Fehler rückgängig zu machen und den angestammten Bauerngarten als Erbe der ländlichen Gartenkultur wieder in das Dorf zu integrieren. Damit kann auch der bäuerlichen Tradition der in der heutigen Zeit so dringend notwendige moralische Rückhalt gegeben werden.

Wenn traditionelle Landwirtschaft und bäuerliches Denken jenseits des Ökonomischen den ihr gebührenden Stellenwert erhielten, dann wären die Voraussetzungen geschaffen, daß Ökonomie und Kultur sich wieder in Form von Nützlichkeit und Schönheit zusammenfinden können, wie sie im alten Bauerngarten seit jeher in bewundernswerter Weise ihren Ausdruck gefunden haben.

Anleitung zur Gestaltung, Hege und Pflege des Bauerngartens

Wenn Sie die Tradition Ihrer Vorfahren wieder pflegen wollen, dann legen Sie sich einen Bauerngarten an. Sie helfen so mit, daß nach Jahrzehnten des Niedergangs diese intakte Gartenwelt zu neuer Blüte erwacht und der bäuerliche Garten nicht als Museumsgarten nur Alibi bleibt für die Zerstörung geschichtsträchtiger Gärten auf dem Lande. Sie tragen mit der Umwandlung Ihres wohlgepflegten, sterilen Einheitsgrüns in einen Bauerngarten, der Nutzen mit Schönheit verbindet, dazu bei, daß wieder mehr Leben in Ihren Garten kommt. Anderen werden Sie Mut machen, ihren kurzgeschorenen Rasen, die einfallslosen Blumenbeete, jene exotische Strauchbepflanzung, ebenfalls in einen vitalen Garten mit Blumen und Kräutern mit bekannten Namen, satten Farben und würzigem Duft einzutauschen. Diese ganze gepflegte, langweilige Künstlichkeit wird dann auch bei ihnen der Vergangenheit angehören. Sie helfen dadurch und durch den Erhalt bzw. die erneute Pflanzung von Bäumen und Sträuchern der Großeltern, unsere von Gartenkatalogen verdorbenen Sinne wachzurütteln und uns aus der ökologischen Krise herauszuführen, die uns umgibt und gefangenhält.

Sich geistig und körperlich im eigenen Garten betätigen, sich freuen und staunen zu dürfen über die Erfolge, die man durch das Blühen und Ernten fühlt und erlebt, wird einen um die Erfahrung reicher werden lassen, daß man selbst auch ein Bestandteil der Natur ist.

Die geographischen und klimatischen Unterschiede vom Norden bis zum Süden, vom Westen bis in den Osten, ließen bekanntlich keine einheitliche Gartengestaltung zu, aber auch unterschiedliche Menschen haben dazu beigetragen. Dennoch weisen die Bauerngärten seit Generationen vom Prinzip her gewisse Ähnlichkeiten auf. Einige allgemeingültige Gestaltungsmerkmale sind überall erkennbar: Ein einfaches Wegenetz gliedert den Garten. Die Beete sind gerade so breit, daß sie noch bequem zu bearbeiten sind. Durch schmale Wege sind sie voneinander getrennt. Befestigte Wege kreuzen sich mit solchen, die im Herbst mit den Gemüsebeeten umgegraben werden. In der Regel ist der Garten durch Zwei- oder Vierteilung der Fläche untergliedert. Das ganze Geheimnis des Bauerngartens ist seine praktische Einteilung. Kurz gesagt: Form, Einteilung und Größe passen sich der vorhandenen Grundstücksfläche beim Haus oder in dessen unmittelbarer Nähe an. Dadurch sind die Gärten oft sehr unregelmäßig und unterschiedlich. Es gibt eine Fülle von Möglichkeiten diesen Garten anzulegen und zu gestalten. Als Beispiel für diese zahlreichen Variationen wollen wir den mit dem sogenannten klassischen Grundriß – mit Kreuzweg als einigendes Grundelement, Rondell und Buchseinfassungen der Beete – herausgreifen. Er ist der Typ von Bauerngarten, wie er zumindest in Süddeutschland und in der Schweiz immer wieder bei großen Bauerngehöften anzutreffen war und gelegentlich noch heute anzutreffen ist. Je größer und wohlhabender ein Bauernhof war – dies war meistens im Flachland mit seinen ertragreichen Böden der Fall – desto größer und reichhaltiger fiel der Garten im allgemeinen aus. In den Höhenlagen der Berge war der Bauer ärmer. Dies übertrug sich unter anderem auch auf Größe und Ausstattung des Gartens. So ist das Wegekreuz mit dem Rondell seit gut tausend Jahren nur ein Grundmuster, jedoch das einzig typische Merkmal für den Bauerngarten ist es nicht. In den Alpenregionen findet man es so gut wie nicht. Dennoch darf man nicht außer acht lassen, daß die Einstellung der Bäuerin zu ihrem Garten den entscheidenden Ausschlag über Gestalt, Aussehen und Zustand gibt. Im Garten spiegelt sich die Seele der Bäuerin.

Was schon unsere Vorfahren wußten, hat auch heute noch Gültigkeit. Die Lage des Gartens darf nicht zu schattig sein. An freier, sonniger Stelle, am besten vor der Süd-, Südost- oder Südwestseite hat der Garten seine ideale Lage. Beim Anlegen sollte auch die Bodenbeschaffenheit mit einbezogen werden.

Wenn die Größe des Geländes, die Platzverhältnisse es zulassen, dann steht wohl nichts mehr im Wege, sich einen Bauerngarten in klassischer Gestalt und Aufteilung anzulegen: rechteckig oder quadratisch, ein Wegekreuz mit Blumenrondell, die Beete mit kurzgeschnittenen Buchshecken eingesäumt. Das Ganze von einem Zaun umgeben. Ästhetik in Eintracht mit der Funktionalität und diese wiederum im Einklang mit der Natur werden das Ergebnis Ihrer Bemühungen um den Bauerngarten, einem verzierten Nutzgarten sein.

Beachtet werden sollte, daß der Garten den regionalen Bezug nicht verliert. Hierzu kann man sich aus dem Bauerngarten eines in der Nähe liegenden Bauernhofmuseums wertvolle Anregungen holen. Sicher wird im Museum auch die entsprechende Literatur zu diesem regionalen Gartentyp angeboten.

Was traditionellen Bauerngärten gemeinsam war, sollte auch für Ihren neu anzulegenden Garten zutreffen. Früher verwendete man natürliche Baumaterialien, die in unmittelbarer Umgebung zu finden waren bzw. zum Verkauf angeboten wurden. Aus wirtschaftlichen Gründen, aber durchaus auch aus dem erdverbundenen Empfinden für Natürlichkeit und Schönheit, entschied man sich bei der Garteneinfassung für Holz, das oft aus dem eigenen Wald kam, aber auch für Steine, die man aus Steinbrüchen, Bachläufen holte oder einfach im Feld aufgelesen hatte. Seltener pflanzte man freistehende Hecken. Hecken aus Weißdorn, direkt hinter den Holzzaun gepflanzt, verwuchsen mit ihm so, daß er kaum mehr erneuert werden mußte. Außerdem boten sie vielen Vögeln Schutz und Nistgelegenheiten. Diese natürlichen Baumaterialien harmonisieren am besten mit der Umgebung und bilden mit den Gartenpflanzen eine ebenso ausgewogene Einheit. In gebauter und gepflanzter Nachbarschaft zum Bauernhaus, in behaglicher Gemeinsamkeit mit ihm, war der althergebrachte Bauerngarten in die Landschaft eingewachsen. Diese Harmonie wird auch Ihren Bauerngarten in neuem Licht erscheinen und zum allgemeinen Blickfang werden lassen.

Welcher Zaun kommt in Frage?

Nachdem Sie sich nun entschieden haben, an welchem Standort Ihr Garten angelegt werden und welche Größe er bekommen soll, werden Sie sich Gedanken machen, welche Einfassung zu Ihrem Bauerngarten am besten paßt.

Haben Sie sich für einen Zaun entschieden, so stellt sich die Frage, welcher Zaun dafür geeignet ist. Denn dieser typische Garten braucht seinen typischen Zaun. Wie wir wissen, war er früher Bedingung, um ungebetene Gäste, Wild und Haustiere fernzuhalten. Er stand einerseits als Symbol des Gartens, andererseits wurde er auch dem Urtrieb des Menschen gerecht, ein Stückchen Natur als Garten nach seinem Willen zu gestalten. Das Weglassen des Zaunes mag theoretische, ideologische und ideelle Vorteile haben. Errichten Sie aber allen neuzeitlichen Bestrebungen zum Trotz einen Zaun; denn nur ein eingezäunter Garten kann das Gefühl eines geschützten Paradieses richtig vermitteln.

Einfach, natürlich und zugleich billig ist der historisch-traditionelle Hanichl- oder Staketenzaun. Er paßt zum Bauerngarten am besten, während Betonsockel und Maschendraht zu hart und zu nüchtern für solch einen lieblichen Garten sind. Der Jägerzaun ist ein teurer Modezaun und paßt wie alle halbhohen Zäune nicht zum Bauerngarten.

Ist die Entscheidung zugunsten des Staketenzauns gefallen, dann nehmen Sie 1,60 Meter lange Pfähle aus Lärche, Eiche oder Fichte. Am billigsten sind die aus Fichte, sie erfüllen den gleichen Zweck. Das Faulen des Holzes an der Übergangsstelle zwischen Erdreich und dem Freien verhindern sie, wenn Sie einer alten Bauernregel gemäß den halben Pfahl von unten her einen Zentimeter tief ankohlen. Drehen Sie ihn in einem schwachen Feuer langsam. Er darf dabei jedoch nicht brennen. Verwenden Sie aber unter allen Umständen chemisch unbehandeltes Holz. Wenn Sie Holz mit Rinde benutzen, dann finden Marienkäfer und Schlupfwespe noch Schutz.

Die schrägangesägten Pfosten setzen Sie etwas tiefer, befestigen daran die Querlatten und nageln an diese die zugespitzten Latten beziehungsweise Hanichl – junge Fichten- oder Tannenstämmchen mit einem Durchmesser von zirka drei Zentimetern. Als Zaunpfosten können auch Sandsteinsäulen mit quadratischem Querschnitt (etwa 15 bis 20 Zentimeter) verwendet werden. Die Querhölzer werden in seitlich eingehauenen Vertiefungen eingehängt.

Ihrem Garten geben Sie einen besonderen Reiz mit einem Zaun aus Holzbrettern. 1,30 Meter lange, zugespitzte, eine Handspanne breite Bretter werden aneinandergereiht. Jedes siebte Brett ist oben herzförmig zugeschnitzt und mit einem Loch versehen. Es symbolisiert den Sonntag, wobei die einfachen Bretter die Werktage darstellen. Solch ein Zaun gleicht einer Krone um den Garten. Rundhölzer, Halbhölzer, geschnittene Latten, Bretter oder sogenannte Schwarten, die äußersten Bretter, die von einem Baumstamm abgesägt werden, werden als Staketen bezeichnet und können ebenfalls zum Zaunbau verwendet werden.

Vielleicht wollen Sie sich an die Herstellung eines Zaunes mit einem Flechtwerk aus Weidenruten wagen? Dieser Zauntyp war im frühen Mittelalter bereits bekannt und hielt sich viele Jahrhunderte hindurch. Er war damals der gebräuchlichste, verlangt handwerkliches Geschick zur Herstellung und muß ab und zu ausgebessert werden. Das mag vielleicht mit ein Grund sein, daß er kaum noch anzutreffen ist.

Solche Zäune rahmen den Bauerngarten besonders schön ein und lassen ihn zu einem kleinen Paradies werden. Möglichst naturbelassen sollten die Latten sein. Schwarz angestrichene Zäune wirken wie ein Trauerflor. Wenn Sie das Holz vor allzuschnellem Faulen schützen oder Ihrem Zaun durch eine Farbe ein anderes Aussehen geben wollen, so nehmen Sie als Holzbehandlungs- beziehungsweise Anstrichsmittel natürliche, umweltfreundliche, wie sie im Handel seit geraumer Zeit angeboten werden.

Passend zum Zaun sollte auch die Tür sein. Ein von Kletterrosen oder Clematis umrankter, aus Holz gefertigter Torbogen am Garteneingang, wirkt einladend und malerisch zugleich. Ob Sie den alten Volksglauben beherzigen wollen, daß Zäune nur bei abnehmendem Mond zu setzen sind, weil sie dann eine angeblich längere Haltbarkeit erhalten, ist Ihnen überlassen. Sicher sind Sie nur knie- oder halbhohe Zäune gewohnt, und es wird Sie überraschen, daß die Staketenzäune früher mindestens eineinhalb Meter, gebietsweise fast zwei Meter hoch waren. Sie können sich davon überzeugen, wenn Sie nach Thüringen und Sachsen fahren. Dort kann man solch alte Zäune noch in großer Zahl bestaunen.

Lassen Sie Gräser, Kräuter, Blumen und Büsche als Begleitflora am Gartenzaun stehen! Geben Sie diesen Pflanzen eine Chance, sich mit dem Zaun zu verbinden.

Als Umzäunung können Sie auch Sträucher und Heckengehölze der heimischen Flora, wie Wildrosen, Weißdorn und Schlehen pflanzen. Beerentragende, dornen- und stachelbewehrte Arten sollten im Sinne des Vogelschutzes bevorzugt werden. Achten Sie aber darauf, daß nicht zuviel Schatten auf Ihren Garten fällt. Wenn das Gelände unbedingt eine Mauer zum Abstützen des Erdreiches erforderlich macht, dann errichten Sie eine Trockenmauer, das heißt ohne Mörtel, durch lockeres Aufschichten von unterschiedlich großen Steinen »trocken« aufgebaut. Sie läßt durch Einbeziehung von Lücken und Nischen vielfältiges Leben aufkommen. Eidechsen und andere seltene Kleintiere und Pflanzenarten werden sich einfinden – Tiere und Pflanzen, die durch das Verschwinden von Lesesteinwällen draußen in der Natur ihre Lebensräume eingebüßt haben.

Mit solch einer Einfriedung ist der erste Schritt zur Anlage eines Bauerngartens getan. Sie haben Schutz und Geborgenheit geschaffen und den Zaun harmonisch in die Umgebung eingegliedert.

Die klassische Aufteilung des Gartens – ein Beispiel für viele Variationsmöglichkeiten

Nachdem Ihr Garten nun den äußeren Rahmen hat, werden Sie überlegen, wie Sie ihn einteilen wollen. Durch die traditionelle Form wird ihm eine deutliche, klar erkennbare Ordnung vorgegeben. Die klassische Aufteilung ist ein Wegekreuz, wodurch vier Quadrate oder gleichgroße Rechtecke entstehen. Heute noch sind dies die Grundelemente zahlreicher bäuerlicher Gärten in der Schweiz und im Münsterland. Ein Rondell in der Mitte des Kreuzungspunktes gibt dem Garten eine ganz besondere Note. Wenn aus Platzgründen eine Vierteilung nicht möglich ist, dann kann allein schon durch die Halbierung der Fläche eine übersichtliche Gliederung erzielt werden. Um dies zu verstärken, um dem Garten inneren Halt und Richtung zu geben, faßt man die Beete mit einer Buchshecke ein. So erkennt man selbst im Winter, im Schnee, noch seine gradlinige, geordnete Form. Die immergrüne Hecke muß einmal im Jahr, am besten im Frühsommer geschnitten werden. So bleibt sie dicht und frisch. Bis aufs Holz darf sie jedoch unter keinen Umständen zurückgeschnitten werden. Ohne Schaden zu nehmen, verträgt sie kalte Winternächte wie auch im Sommer die volle Sonnenbestrahlung. Regelmäßige Düngung mit Kuhmist verleiht ihr kräftigen Wuchs, dichtes dunkelgrünes Blätterwerk. Kurzum sie kann ihre ganze Schönheit entfalten.

Haben Sie Ihren Wohnort in einer Gebirgsgegend, in der härtere Witterungsbedingungen und andere Bodenverhältnisse herrschen beziehungsweise ein ebener Platz erst geschaffen werden muß, dann müssen Form und Einteilung des Gartens den gegebenen Freiräumen angepaßt werden. Die Aufteilung in Beete wird dennoch eine rein praktische sein; doch unregelmäßig groß werden die Flächen sein, die Sie durch Wege geteilt haben. Die Buchseinfassung der Beete können Sie selbstverständlich weglassen. Solche einfachen Anlagen finden sich in vielen unkonventionellen Bauerngärten wieder, im Norden wie auch im Süden. Häufig trifft man sie in Tirol und in Südtirol an. Buchseinfassungen waren dort schon immer reine Verschwendung. Einfache Gärten in der äußeren Form und bescheiden in der Ausstattung und dennoch Bauerngärten, denen es nicht an Poesie und Anmut mangelt, sind dort wie in anderen Gegenden Europas noch anzutreffen.

Die Einfassung der Beete und Wege

Wie wir wissen, war im Bauerngarten die klassische Beet- und Wegbegrenzung die Buchshecke. Wer es sich leisten kann, aus finanziellen und aus Platzgründen, sollte diese alte Gewohnheit wieder zu neuem Leben erwecken. Aber auch andere Methoden der Beet- und Wegeinfassung gibt es. In steinigen Gegenden, insbesondere im Gebirge, wurde früher aus der Not eine Tugend gemacht. Man verwendete zur Einfassung kantige Bruchsteine, rundgeschliffene Flußkiesel oder vom Feld gesammelte Lesesteine. Eingewachsen, mit Moos und Flechten überzogen, verhelfen sie, dem Garten einen lebendigen Eindruck zu verleihen.

Lassen Sie sich nicht zu einer Eingrenzung mit Betonplatten verleiten, wie sie sich in vielen Gärten breitgemacht hat. Verfallen Sie bitte nicht in die Euphorie des Betonierens. Sie legen einen lebenden Garten an und keinen toten Parkplatz. Man kann auch die Beete mit Brettern einfassen, die man an Pflöcken befestigt. Ziegelsteine schräg in den Boden eingesetzt, eignen sich ebensogut. Die Einfassung der Wege und Beete aus palisadenartig eingegrabenen Stammstückchen sowie mit waagrecht gelegten Holzstangen kann ebenfalls empfohlen werden. Auch in diesem Fall sollte das Holz chemisch nicht vorbehandelt sein und aus heimischen Gehölzen der näheren Umgebung stammen.

Ihr Sinn für Schönheit und Ästhetik wird es nicht zulassen, die Beete und Wege Ihres Bauerngartens mit Plastik einzufassen. Naturgemäße Sauberkeit und Ordnung kann man Sie auch unter Beweis stellen, wenn der Garten so natürlich wie möglich bleibt und daher mit Baumaterial aus der Natur gestaltet wird.

Der Gartenwegbelag

Beton, Asphalt, Verbundsteine, Pflastersteine, die Fugen mit Teer versiegelt, damit alles Pflanzliche dazwischen abstirbt – das sollte bei Ihrem Gartenweg der Vergangenheit angehören. Ihr Weg ist ein Lebensweg. Sie, die Tiere und Pflanzen, alle profitieren von ihm.

Geben Sie dem Gartenweg einen pflanzenfreundlichen Belag aus gestampftem Lehm, gewaschenem Kies, losen Steinen, Rindenmulch oder sonstigen natürlichen Produkten aus der nahen Umgebung. Mit all diesen erdnahen Materialien läßt sich ein wetterfester Weg anlegen; außerdem geben Sie dem Gartenweg eine lebendige Oberfläche.

Am wenigsten Arbeit wird Ihnen das Anlegen eines Trampelpfades machen; denn dieser bildet sich von selbst an den Stellen, die Sie häufig begehen. Wird er aber nur selten begangen, so müssen Sie diesen Wiesenweg ab und zu mähen.

Gestampfter Lehm hat den Vorzug, daß er nach häufigem Begehen verdichtet und so das Einwachsen von Unkräutern in den Weg verhindert. Saubere Schuhe behält man auch bei Regenwetter, wenn auf dem verfestigten Weg gewaschener Kies aufgebracht wird.

Einen dauerhaften Wegbelag erhält man, wenn auf der Sandunterlage Natursteinplatten oder Pflastersteine verlegt werden. Verlegen Sie aber nicht bündig, so daß zwischen den Fugen kleinstes Leben noch eine Möglichkeit zur Entfaltung hat.

Früher, als Eichenrinde in Gerbereien noch verwendet wurde, streute man auf die Wege häufig die ausgelaugte Eichenrinde, die sogenannte Gerberlohe. Auf dem schönen, rotbraunen Wegbelag konnte man besonders angenehm gehen. Doch heutzutage, nachdem Eichenrinden in der Gerberei nicht mehr eingesetzt werden, bietet sich als Ersatz Baumrinde an, die im Forst durch maschinelle Schälung von Stammholz anfällt. Eine drei bis fünf Zentimeter dicke Rindenschicht genügt, wenn der Weg befestigt ist. Ansonsten ist es ratsam, das Wegbett 10 bis 15 Zentimeter auszuheben und mit Rinde aufzufüllen. Mit der Zeit verdichten sich die locker aufgetragenen Rindenschnitzel durch Begehen und Verwitterung, so daß es von Zeit zu Zeit angebracht erscheint, frisches Material wieder aufzufüllen.

Schiefer, Sandstein, Granit, Muschelkalk, bieten sich dort, wo sie in der Umgebung vorkommen ebenso als Wegbelag an. Besonders schön sind Pflaster aus Stirnholz.

Gewöhnlich werden die Hauptwege in einer Breite von 80 bis 100 Zentimetern angelegt; am besten so breit, daß die Bewirtschaftung leicht durchgeführt werden kann und dennoch nicht unnötig Platz verschwendet wird. Auch die Beete sind gerade so breit, daß sie noch gut zu bearbeiten sind.

Um der Schneckenplage Herr zu werden, hat es sich als vorteilhaft erwiesen, wenn man zwischen die einzelnen Beete Bretter legt. Dreht man sie tagsüber um, kann man sehr leicht die anhaftenden Schnecken ablesen. Bei nassem Wetter behält man zudem trockene Schuhe.

Die Pflanzen: Gemüse, Blumen, Obst und Kräuter

Ein gesunder Boden: Garant für gutes Gedeihen

Mit dem landläufigen Vorurteil, daß im Bauerngarten alles durcheinander wie »Kraut und Rüben« wächst, muß aufgeräumt werden. Ganz im Gegenteil, der »grüne Himmel« (Barthold Hinrich Brockes) muß vorbereitet, der Boden gelockert, gedüngt, die Pflanzen gewässert und die Unkräuter gejätet werden. Die Bauersfrau führt Herrschaft über das bunte Angebot des Bauerngartens. Er war bis vor nicht allzu langer Zeit ihr Reich; nur selten sah man den Bauern in ihm Hand anlegen. Und heute? Die Aussteigerideologie, das neue Denken halfen mit, daß sich ein jeder im Bauerngarten aufhalten kann, damit sich Kraut und Rüben, Würz- und Heilkräuter, Blumen und Beerensträucher wieder zusammenfinden.

Bevor man mit der Bepflanzung des Gartens beginnt, prüft man die Bodenbeschaffenheit. Meist setzt die Neuanlage eines Gartens eine sorgfältige Bodenbearbeitung voraus.

Im Herbst sollte zunächst tief und grobschollig umgegraben werden, damit die Erde im Winter gut durchfriert und verrotteter Stallmist oder Kompost mit eingegraben werden. Von großem Nutzen sind auch organische Dünger, wie Knochenmehl und Hornspäne. Gesundheit und Fruchtbarkeit des Bodens sind letzten Endes das Wichtigste, um die Planzen naturgemäß und bestens zu ernähren. Daß der Boden lebt und keine tote Masse ist, zeigt ein Blick durch das Mikroskop. Bodenorganismen, wie Bakterien, Schimmelpilze, Strahlenpilze, Algen, Amöben und vieles andere werden in der Gartenerde sichtbar. Aus diesem Grund leuchtet es ein, daß nicht die Pflanze selbst zu düngen ist, vielmehr muß das Bodenleben mit Nahrung versorgt werden. Unter Düngen versteht man heute: »Den Boden durch Flächenkompostierung zu beleben. Ein gesunder Boden bringt auch gesunde, gegen Schädlingsbefall widerstandsfähige Pflanzen hervor.

Mit diesem Grundwissen ist es möglich, die Beete optimal bestellen zu können. Inzwischen konnten Sie entscheiden, ob Sie dem Gemüse für die Selbstversorgung und den Kräutern für die Gesundheitsvorsorge mehr Platz einräumen wollen oder ob Ihre Freude mehr den verschwenderisch blühenden Blumen gilt. Früher beanspruchten Nutzpflanzen den meisten Platz. In einer Zeit des Wohlstandes werden Sie sich sicher nicht einen reinen bäuerlichen Nutzgarten anlegen wollen, sondern auch fürs Auge und für die Nase etwas übrig haben. Bei der Bepflanzung steigern Sie den Schönheitswert Ihres Gartens und mindern die Verbreitung von Krankheiten, die Ansteckung und den Befall durch Schädlinge, wenn Sie Monokultur vermeiden.

Empfehlenswert ist zunächst, möglichst vielfältige Pflanzen so zusammenzustellen, daß sie sich gegenseitig unterstützen und schützen. Jede Pflanze enthält bestimmte, ihr eigene Wirk- und Duftstoffe, an denen sich die Insekten orientieren, um Eier abzulegen oder Futter zu suchen. Dies ist der Grund, warum das Insekt zum Schädling wird. Das Insekt ist verwirrt und wandert weiter, wenn Pflanzen mit völlig anderen Düften und Ausscheidungen in der Nachbarschaft wachsen.

Erst dann sollten sie nach Farbe, Größe und Blühzeiten auswählen, selbstverständlich die harmonische Anordnung des Ganzen immer im Auge behaltend. Bestimmte Blumen können als Leitpflanzen dienen, andere werden sinnvollerweise beigefügt. Die Ränder der Gemüse- und Salatbeete und das Rondell bieten sich als Standort für Blumen und Stauden an; die niedrigen Formen stehen entlang des Gemüses, die höheren auf den Rabatten entlang des Gartenzauns.

Die Blumen sollten wenig Ansprüche an den Boden stellen. Pflegeleicht und robust sollten sie sein. Diesen Anforderungen werden vor allem alte Sorten gerecht. Wir bedienen uns bei allen Pflanzen, seien es Blumen, Obst oder Gemüse, so gut es geht dieser altvertrauten Gewächse, da Neuzüchtungen, Kreuzungen oder Hybriden größtenteils auf Kosten des spezifischen Duftes und Aromas, der Haltbarkeit, der Widerstandsfähigkeit und des Gehalts an Wirkstoffen erfolgt sind. Eine Pflanze ist um so attraktiver, je mehr Vernachlässigung an Hege und Pflege sie erträgt. Durch die moderne Blumenzucht ist so manche Gartenblume mit robuster Konstitution auf der Strecke geblieben.

Früher tauschte man am Gartenzaun Erfahrungen, aber auch Saatgut, Ableger und Stecklinge aus. So kam man zu Blumensorten, wie sie schon die Großmutter pflanzte und aus eigenem Samen zog. Ein schöner Brauch, den man getrost wieder zu neuem Leben erwecken sollte.

Wir listen hier eine große Zahl von Blumen und Kräutern auf, die im Bauerngarten eine lange Tradition haben, und die landläufig als typisch gelten. Sie sollten wieder kultiviert werden. Es ist eine Aufzählung, die keinen Anspruch auf Vollständigkeit erhebt.

Adonis, Adonisröschen
  Adonis vernalis
Akelei (gemeine)
  Aquilegia vulgaris
Akeleiblättrige Wiesenraute
  Thalictum aquilegiifolium
Alant
  Inula helenium
Alpenveilchen
  Cyclamen europaeum
Amarant
  Amaranthus blitum
Ampfer
  Rumex patientia,
  R. obtusifolius, R. acetosa
Andorn (gemeiner)
  Marrubium vulgare
Anis
  Pimpinella anisum
Artischocke
  Cynara scolymus
Aster
  Neubelgische Aster,
    Herbstaster
    Aster novi-belgii
  Chinesische Aster,
    Sommeraster
    Callistephus chinensis
  blaue Alpenaster (einheimisch)
    Aster alpinus
  violette Bergaster
    Aster amellus
Attich (Zwergholunder)
  Sambucus ebulus
Aurikel
  Primula auricula
  Mausröhrchen
    Auricula muris

Balsamine, Gartenspringkraut
  Impatiens balsamina
Bandgras, Mariengras,
  Rohrglanzgras
  Phalaris arundinacea
Basilikum, Basilienkraut,
  Königskraut
  Ocimum basilicum
Bärlauch
  Allium ursinum
Begonie
  Begonia boliviensis
Beifuß
  Artemisia vulgaris
Beinwell
  Symphytum officinale
Benediktenkraut,
  Benediktendistel
  Cnicus benedictus
Berberitze
  Berberis vulgaris
Bergflockenblume
  Centaurea montana
Betonie
  Stachys officinals, Betonica
  officinalis
Bibernelle
  Pimpinella saxifraga, P. major
Bilsenkraut, Schlafkraut,
  Tollkraut
  Hyoscyamus niger
Blauregen, Glycinie
  Glycine sinensis
Blaue Himmelsreiter
  Polmonium caeruleum
Blutströpfchen
  Adonis annua, Adonis
    aestivalis,
    Sanguisorba officinalis
Bockshornklee
  Trigonella foenum-graecum
Bohnen- und Pfefferkraut
  Satureja hortensis
Borretsch
  Borago officinalis
Braut in Haaren, Jungfer im
  Grünen,
  Schwarzkümmel
  Nigella damascena
Brennende Liebe, Lichtnelke
  Lychnis chalcedonica
Brotklee
  Trigonella caerulea
Brunnenkresse
  Nasturtium officinale
Buchsbaum
  Buxus sempervivens
Buchweizen
  Fagopyrum sagittatum
Buschwindröschen
  Anemone nemorosa

Christrose, Schwarze Nieswurz
Helleborus niger
Cichorie
Cichoria intybus
Cymbelkraut
Linaria cymbalaria
Clematis (kleinblütig), Waldrebe
Clematis montana

Dahlie, Georgine
Dahlia variabilis
Diptam
Dictamnus albus
Dachwurz, Hauswurz,
Donnerkraut, Donner-
bart, Donnerlauch, Jupiters-
bart
Sempervivum tectorum
Dolden-Milchstern
Ornithogalum umbellatum
Drachenwurz, Schlangenwurz
Arum italicum, A. maculatum

Eberraute
Artemisia abrotanum
Efeu

Hedera helix
Eibe
Taxus baccata
Eibisch (kleine Stockmalve)
Althaea officinalis
Eisenhut (blauer), Sturmhut,
Wolfsgift
Aconitum napellus
Eisenkraut
Verbena officinalis
Eisbeere
Sorbus torminalis
Engelwurz
Angelica archangelica
Estragon
Artemisia dracunculus

Färberginster
Genista tinctoria
Färberröte, Krapp
Rubia tinctorum
Färberwau
Reseda luteola
Färberwaid
Isatis tinctoria

Felderbse
Pisum arvense
Feldkümmel, Quendel,
Gundelkraut
Thymus serpyllum
Feldlinse
Lens microspermum
Fenchel
Foeniculum vulgare
Feuerbohne
Phaseolus multifloris,
Ph. coccineus
Fingerhut, Waldglöcklein
Digitalis purpurea
Flammenblume
Phlox drummondii,
Ph. decussata,
Ph. paniculata
Flammendes Herz, Tränendes
Herz
Dicentra spectabilis
Flaschenkürbis
Cucurbita lagenaria,
Lagenaria vulgaris
Fleißiges Lieschen
Impatiens walleriana
Flieder
Syringa vulgaris,
Syringa persica
Frauenmantel, Marienkraut
Alchemilla vulgaris
Frühlingsknotenblume,
Märzenbecher,
Großes Schneeglöckchen
Leucojum vernum

Gartenbalsamine,
Rührmichnichtan
Impatiens balsamina
Gartenfuchsschwanz
Amaranthus caudatus
Gartengeißblatt, Jelängerjelieber
Lonicera caprifolium
Gartenmelde
Atriplex hortensis
Gartenraute, Weinraute
Ruta graveolens
Gelbveigelei, Goldlack
Cheiranthus cheiri
Gemswurz (kriechender)
Doronicum pardalianches
Gilbweiderich, Tüpfelstern,
Goldfelberich
Lysimachia punctata

Gichtrübe, Zaunrübe
Bryonia dioica, Bryonia alba
Gladiole, Siegwurz
Gladiolus communis
Glockenblume
Campanula persicifolia,
C. medium
Glycinie, Blauregen
Glycine sinensis
Grasnelke
Armeria vulgaris
Griechisch Heu
Trigonella foenum-graecum
Grüne Nieswurz
Helleborus viridis
Gundermann
Glechoma hederaceum
Guter Heinrich
Chenopodium bonus-henricus

Hahnenfuß (kriechend)
Ranunculus repens
Haselwurz
Asarum europaeum
Heiligenkraut, Zypressenkraut
Santolina chamaecyparissus
Herzgespann
Leonurus cardiaca
Holunder, Holler
Sambucus nigra
Hyazinthe
Hyacinthus orientalis
Kleine Traubenhyazinthe,
Muskat- oder Moschus-
hyazinthe, Bauernbüble
Muscari botryoides
Größere Traubenhyazinthe
Muscari racemosum

Immergrün
Vinca minor
Judaspfennig, Mondviole
Lunaria biennis
Jungfer im Grünen, Braut in
Haaren, Damaszener
Schwarzkümmel
Nigella damascena
Judenhütlein, Judendocken,
Judenkirsche, Judenschote
Lampionblume
Physalis alkekengi

Kaiserkrone
Fritillaria imperialis

Kamille (echte)
Matricaria chamomilla
Kapuzinerkresse
Tropaelum majus
Kerbel
Anthriscus cerefolium
Myrrhenkerbel, Süßdolde
Myrrhus odorata
Kichererbse
Cicer arietinum
Klette
Articum lappa
Königskerze, Wollblume
Verbascum thapsiforme,
V. phlomoides
Koriander
Coriandrum sativum
Kümmel, Wiesenkümmel
Carum carvi
Kreuzkümmel, Römischer
Kümmel
Cumium cyminium
Schwarzkümmel
Nigella sativa

Lavendel (echter)
Lavandula angustifolia,
L. officinalis
Leberblümchen

Hepatica triloba, H. nobilis
Leimkraut
Silene armeria
Leinkraut
Linum perenne
Levkoje
Matthiola annua, M. incana
Liebstöckel, Maggikraut
Levisticum officinale
Lilie
Weiße Lilie, Madonnenlilie
Lilium candidum
Feuerlilie
Lilium bulbiferum
Löwenmaul
Antirrhinum majus
Lungenkraut
Pulmonaria angustifolia,
P. rubra
Lupine
Lupinus polyphyllus

Maiglöckchen
Convallaria majalis

Malve
Malva rotundifolia
Blaue Malve, Käse-, Roßpappel
Malva silvestris
Wegmalve
Malva neglecta
Mangold
Beta vulgaris var. cicla
Margerite
Chrysanthemum coronarium
Mariendiestel
Silybum marianum
Mariengras, Bandgras
Phalaris arundinacea
Maßliebchen, Gänseblümchen,
Tausendschönchen
Bellis perennis
Meerzwiebel
Urginea maritima
Melisse, Zitronenmelisse
Melissa officinalis
Milchstern, Vogelmilch, Stern
von Bethlehem
Ornithogalum umbellatum
Minzen
Frauenminze, Marienblatt
Chysanthemum balsamita,
Tanacetum balsamita
Katzenminze
Nepata cataria
Krauseminze
Mentha spicata var. crispata
Pfefferminze
Mentha piperita
Poleiminze
Mentha pulegium
Waldminze
Mentha silvestris
Wasserminze
Mentha aquatica
Monarde
Monarda didyma
Mohn
Papaver somniferum,
P. orientale
Mönchsrhabarber, Englischer
Spinat, Garten-Ampfer
Rumex patientia
Muskatellersalbei
Salvia sclarea
Mutterkraut
Chrysanthemum parthenium
Myrrhendolde, Pferdeeppich
Smyrnium olusatrum
Myrte
Myrtus communis

Nachtkerze
Oenothera biennis
Nachtschatten
Solanum nigrum
Nachtviole
Hesperis matronalis
Narzisse
Narcissus poeticus,
N. pseudo-narcissus
Natternkopf
Echium vulgare
Nelke
Kronennelke, Vexiernelke
Lychnis coronaria
Bartnelke
Dianthus barbatus
Federnelke
Dianthus plumarius
Karthäusernelke
Dianthus carthusianorum
Land- oder Gartennelke
Dianthus caryophyllus
Pfingstnelke
Dianthus gratianopolitanus
Nessel
Urtica urens, U. dioica

Odermennig
Agrimonia eupatoria

Pastinak
Pastinaca sativa
Pelargonie
Pelargonium zonale
Pestwurz (gemeine)
Petasites officinalis
Petunie
Petunia grandiflora
Pfingstrose, Gichtrose (ungefüllt,
echte)
Paeonia officinalis
Portulak
Portulaca oleracea
Porzellanblümchen, Schatten-
steinbrech
Saxifraga umbrosa

Rainfarn
Chrysanthemum vulgare,
Tanacetum v.
Rauke, Ölrauke
Eruca sativa, E. vesicaria
Raute
Ruta graveolens
Reseda, Gartenresede
Reseda odorata
Rhabarber
Rheum palmatum,
R. undulatum
Ringelblume, Studentenblume
Calendula officinalis
Rittersporn
Delphinium ajacis
Rose
Centifolie
Rosa centifolia
Essigrose
Rosa gallica
Damascenerrose
Rosa damascena
Heckenrose
Rosa canina
Rosmarin
Rosmarinus officinalis
Rudbeckie, Sonnenhut
Rudbeckia laciniata

Sadebaum, Sevenbaum,
Stinkwacholder
Juniperus sabina
Saflor, Safrandistel, Färbersaflor
Carthamus tinctorius
Salbei (echter)
Salvia officinalis
Samtblume, Studentenblume
Tagetes patula
Saubohne
Vicia faba
Sauerampfer
Rumex acetosa
Schlafmohn, Magen
Papaver somniferum
Schlehdorn
Prunus spinosa
Schleifenblume
Iberis amara
Schlüsselblume, Himmels-
schlüssel
Primula veris, P. officinalis
Schwertlilie
Iris germanica, I. florentina
Schneeball
Viburnum opulus
Stiefmütterchen
Viola tricolor
Stern von Bethlehem
Ornithogalum umbellatum
Schneeglöckchen
Galanthus nivalis
Schöllkraut, Warzenkraut
Chelidonium majus
Schwarzwurzel
Scorzonera hispanica
Schwarznessel, Stinkandorn
Ballota nigra
Scilla
Scilla bifolia
Seifenkraut
Saponaria officinalis
Senf
Schwarzer Senf
Brassica nigra
Weißer Senf
Sinapis alba
Singrün
Vinca minor
Sonnenrose
Helianthus annuus
Spierling, Speierling
Sorbus domestica
Spierstrauch
Spiraea salicifolia
Springkraut, Kreuzblättrige
Wolfsmilch
Euphorbia lathyris
Stauden-Immortelle
Anaphalis margaritacea
Stechapfel
Datura stramonium
Stechpalme
Ilex aquifolium
Strohblume
Helichrysum bracteatum
Stockrose, Stockmalve
Alcea rosea
Sumpf- oder Bertramgarbe
Achillea ptarmica

Tausendgüldenkraut,
Fieberkraut
Erythraea centaurium Pers.
Thymian (echter oder
Gartenthymian)
Thymus vulgaris
Tigerlilie
Lilium tigrinum

Tulpe
  Tulpia gesneriana
Türkenbund
  Lilium martagon

Veilchen, März-Veilchen
  Viola odorata
Vergißmeinnicht
  Myosotis silvatica, M. palustris

Wacholder, Kranevit
  Juniperus communis
Waldrebe, Clematis (kleinblumig)
  Clematis montana
Weberdistel
  Dipsacus sativus
Wegerich
  Plantago lanceolata
Wegwarte
  Cichorium intybus
Weinrebe, wilder Wein
  Vitis vinifera
Wermut
  Artemisia absinthium

Ysop
  Hyssopus offincinalis

Zinnie
  Zinnia elegans
Zuckerwurzel
  Sium sisarum

Diese Pflanzen können Sie teils wild oder verwildert in der Natur vorfinden und dort unter Beachtung des Naturschutzgesetzes entnehmen. Darüber hinaus können Sie sich an Spezialgärtnereien, Botanische Gärten, Obst- und Gartenbauvereine, Baumschulen, Bauernhofmuseen und an ältere Bauersleute wenden.

Bauerngartenpflanzen gedeihen ohne Chemie

Wir müssen uns bewußt sein, daß heute wie früher jede Pflanze und jedes Tier, seien sie auch in die von Menschen geschaffene Kategorie Nützlinge oder Schädlinge eingereiht, im Naturkreislauf eine sinnvolle und natürliche Funktion zu erfüllen haben. Dennoch ist es wichtig, einige Pflanzen und Tiere im Garten in gewissen Grenzen zu halten, um die Nutzpflanzen entsprechend fördern zu können.

Während heute für alle Schädlinge, Krankheiten und Unkräuter chemische Vertilgungsmittel zur Hand sind, lautet im alten Bauerngarten der Leitspruch: »Zu jeder Pflanze die passende Nachbarschaft und das Gießen mit Kräuterjauche«. Die fördernde und hemmende Wirkung, die Pflanzen aufeinander haben, wenn sie nebeneinander wachsen, sollten auch Sie in Ihrem Bauerngarten durch Mischkulturpflanzung einsetzen und voll zur Geltung kommen lassen. Sinnvolles Abstimmen von Pflanzengemeinschaften, die sich gegenseitig fördern und ungebetene Schädlinge fernhalten, ist die große Kunst des biologischen Gartenbaus. Das Wissen dazu haben unsere Vorfahren von Generation zu Generation weitergegeben. Doch fast ist es versiegt, und wir müssen es wieder neu erlernen, es aus Büchern holen beziehungsweise durch Experimentieren neu erforschen.

Bestimmte Lebewesen zu fördern, ist ebenso wichtig, um den natürlichen Kreislauf im biologischen Bauerngarten zu schließen. Blatt- und Rotläuse, Erdflöhe, Ameisen, Fliegen, Nematoden (Wurzelälchen), Schnecken und Kohlweißlinge können durch Vögel, Schmetterlinge, Schwebfliegen, Marienkäfer, Florfliegen, Ohrwürmer, Spinnen, Kröten, Maulwürfe und Igel in gewissen Grenzen gehalten werden. Die Anwesenheit von Vögeln zu fördern, sollte für jedermann zur Selbstverständlichkeit werden. Schon unsere Vorfahren wußten, daß aus diesem Grund »neunerlei Holz« zu pflanzen sei.

Lassen Sie Laufkäfern, Mistgräbern, Totengräbern, Asseln, Tausendfüßlern und Spinnen im Garten ihr Recht auf Leben, wogegen Sie den Schnecken durchaus nachstellen sollten. Welche Methode aber die beste ist, um diesen gefürchteten Tieren Herr zu werden, ist schwer zu sagen. Am sinnvollsten ist es, sie regelmäßig morgens und abends abzulesen. Auf jeden Fall aber sollte kein Schneckenkorn verwendet werden. Darüber hinaus empfehlen wir, die Lebensräume ihrer Gegner so natürlich wie nur möglich zu lassen.

Dazu gehört, Reisig- und Laubhaufen, dichte Hecken, Ruderalflächen und Tümpel anzulegen, damit Igel, Kröten, Frösche, Amphibien, Maulwürfe und Enten leben und sich wohlfühlen können.

Tierische Schädlinge, Pilze und sonstige Krankheiten lassen sich ebenso durch geeignete Mischbepflanzungen in Grenzen halten oder ganz vertreiben. Durch die Randbepflanzung mit Kräutern wie Salbei, Thymian, Ysop, Malve und Lavendel, aber auch durch Beipflanzung dieser Heilkräuter im Stauden- und Rosenbeet werden Schnecken und Läuse sicher ferngehalten. Die Kaiserkrone, die ebenso wie Knoblauch als bewährtes Mäuseabwehrmittel dient, soll in Nachbarschaft von Lilien stehen. Sie dient hier als Fangpflanze für die Lilienhähnchen. In Ihrem ganzen Garten, auch zwischen dem Gemüse, wird sich die Ringelblume, eine wichtige Heilpflanze, ihr Heimatrecht suchen. Als ganzjährige Begleitpflanze wird sie zur Untersaat bei Rosen und Stauden wegen ihren nematodenhemmenden Wirkung sehr geschätzt. Auch die Tagetes, besonders die hohe, unangenehm riechende Form, hat im Wurzelbereich eine nematodenhemmende Wirkung und sollte deshalb mitgepflanzt werden.

Das Mutterkraut, eine Staude, eignet sich als Nachbarschaftspflanze zu allen anderen Stauden. Die Königskerze ist gut bei den Rosen plaziert, und der Borretsch gilt als verschönernde, nützliche Nebenpflanzung. Alle Zwiebelarten gelten als schädlingsabwehrende Pflanzen.

Ganz selbstverständlich ist es, daß auch Unkräuter in einem Bauerngarten wachsen. Diese stützen und schützen ebenso die Begleitpflanzen, selbst wenn es sich um Nutzpflanzen handelt. Je nach Bodenbeschaffenheit wachsen unterschiedliche Arten im Garten. Sie werden nicht überhand nehmen, wenn die Bodenzusammensetzung ausgewogen ist. Doch kommt man nicht umhin, auch im biologischen Bauerngarten Unkraut zu jäten.

Auch im Gemüseanbau ist die Natur bestes Vorbild

Auch für den Gemüsegarten gilt das gleiche Prinzip wie für den Blumengarten. Gemüse und Salat gedeihen nur in bestimmter Nachbarschaft gut. Die ungeschädigte und unverdorbene Natur ist auch dem Bauerngarten Vorbild. Keine Monokultur, nirgends unbedeckter, unbewachsener Boden. Die Pflanzen werden so zusammengestellt, daß sie positiv aufeinander einwirken, daß sie sich gegenseitig schützen, stärken und helfen. Hierzu eignet sich am besten die Reihenkultur und nicht der beetweise Einheitsanbau. Bei dieser Mischkulturmethode wechseln die Kulturen nicht zeitlich von Jahr zu Jahr, sondern örtlich von Reihe zu Reihe. Nach dem Vorbild der Natur entsteht so eine gemischte Pflanzengesellschaft.

Nichts ist also zufällig zusammengewürfelt. Alles ist mit System angelegt. Der wichtigste Gesichtspunkt ist die direkte Nachbarschaft. Nachbarschaften, die sich gegenseitig günstig im Wachstum beeinflussen oder sich vor Krankheiten schützen.

So stehen in positiver Nachbarschaft:
Tomaten und Sellerie
Tomaten und Petersilie
Möhren und Zwiebeln
Möhren und Lauch
Salat und Rettich und Kohlrabi
Sellerie und Bohnen und Lauch
Erdbeeren und Zwiebeln
Erdbeeren und Lauch und Knoblauch

Dagegen sind folgende Pflanzen schlechte Nachbarn zueinander und schaden sich gegenseitig:
Bohnen und Erbsen
Bohnen und Zwiebeln
Kohl und Zwiebeln
Kohl und Erdbeeren
Tomaten und Fenchel
Tomaten und Kartoffeln
Tomaten und Erbsen
Kartoffeln und Sonnenblumen
Kartoffeln und Sellerie

Allgemein kann festgestellt werden, daß Sellerie und Tomaten sich gut als Abwehrpflanzen gegen Schädlinge eignen. Der intensive Geruch der Tomaten hält zum Beispiel Kohlweißlinge vom Kohl ab.

So steht fest, und jeder wird diese Erfahrung bei der praktischen Gartenarbeit auch selbst machen, daß manche Pflanzen sich im Gedeihen fördern, ja sogar in der Aromabildung und damit im Wohlgeschmack; andere im Nebeneinander verkümmern und dazu noch weniger gut schmecken.

Durch Mischkultur, aber auch den Einsatz älterer, widerstandsfähiger Pflanzen, sind Pflanzenschutzmaßnahmen in Ihrem neuangelegten Bauerngarten kaum nötig. Statt der Schädlingsbekämpfung haben Sie als biologisch denkender Gärtner bewußt den Weg der Schädlingsabwehr gewählt. Nimmt der Schädlingsbefall aber dennoch einmal durch anhaltende Trockenheit oder Regenfälle über das Erträgliche zu, dann stehen auch Ihnen noch zahlreiche natürliche Pflanzenschutzmittel in Form von Kräuterjauchen zur Verfügung. Diese werden selbst hergestellt.

Brennesseljauche eignet sich besonders gut zur Bekämpfung von Läusen. Mit Ackerschachtelhalmbrühe lassen sich Pilzerkrankungen angehen. Jauche aus Rainfarn vertreibt verläßlich Milben, Himbeerkäfer und Blattwespen, Holunderjauche wirkt Wunder gegen Erdflöhe. Auch Baldrianjauche wird im biologischen Gartenbau gern verwendet. Sie erhält und fördert die Widerstandsfähigkeit von Pflanzen gegen eine Vielzahl von Schädlingen. Milbenbefall und Pilzerkrankungen lassen sich erfolgreich mit einer Brühe aus Zwiebeln und Knoblauch bekämpfen. Der Plage von Schild-, Schmier- und Blutläusen begegnen Sie am besten mit einer Wurmfarnbrühe. Blattläuse, Säulchenrost an Johannisbeeren, Brombeermilben, Raupen und Ameisen vertreibt man mit einem Auszug aus Wermut. Kohlweißlingsschmetterlinge werden vom Kohl abgehalten, wenn Sie die jungen Kohlpflanzen alle zwei Tage mit Tomatenblätterjauche besprühen. Der fremde Duft irritiert sie. Mitunter beträchtliche Schäden werden im Gemüsebau von der kleinen Kohlfliege verursacht. Wenn die Pflanzen mit einem wäßrigen Salbeiextrakt behandelt werden, lassen sich die Insekten derart verwirren, daß es zu einem verzögerten Anflug der Kohlfliege kommt, einer verkürzten Aufenthaltszeit auf den Blättern und letztendlich zu einer verminderten Eiablage.

Früher gab es im Bauerngarten eine geringe Auswahl an Gemüse. Heute aber sind alle landesüblichen Arten und Sorten inzwischen dort zu finden. Sie haben sich über viele Jahrhunderte hinweg aus den einfachen Wildformen zu ertragreichen Gemüsesorten entwickelt. Sie sorgen für Abwechslung auf dem Speiseplan und beugen Mangelerkrankungen vor.

Viele Blumen und Kräuter sind typische Bauerngartenpflanzen. Dies trifft jedoch nicht für das Gemüse zu. Inzwischen wird alles kultiviert, was an Samen und Pflänzchen im Frühjahr zu bekommen ist.

Kohlgemüse, wie Kohlrabi, Weißkohl (Weißkraut), Rotkohl (Rotkraut), Wirsing oder Welschkohl, Grün- oder Krauskohl, Rosen- oder Sprossenkohl und Blumenkohl wird angebaut. Blattgemüse, wie Mangold, Kopfsalat, Schnitt-, Blatt- oder Pflücksalat, breitblättrige Endivie, Spinat. In manchen älteren Gärten sind noch Gartenmelde, Guter Heinrich und Erdbeerspinat zu finden. Hülsenfrüchte sind ebenso beliebt: Gartenerbse, Stangenbohne und Buschbohne, einst noch die Feuerbohne. Als Rüben- und Wurzelgemüse kennt man die Steck- oder Kohlrübe, die weiße Rübe, Herbst- oder Stoppelrübe, Rettich, Radieschen, die Gartenmöhre (gelbe Rübe oder Karotte), die rote Rübe, auch rote Bete genannt. Sellerie, Knollen- oder Wurzelsellerie, Eppich, Wurzel- und Knollenpetersilie wie die Blattpetersilie und die Schwarzwurzel werden im Bauerngarten ebenso in Kultur genommen. Zahlreiche Zwiebelarten haben Einzug gehalten: die Zwiebel, die Küchenzwiebel schon von alters her, Porree; Breit- oder Winterlauch waren schon im alten Ägypten sehr beliebt. Die Schalotte, Eschlauch, Winterzwiebel, auch Röhrenlauch genannt, sind ebenso keine Unbekannten. Weitere nicht weniger unbekannte Gemüsearten fanden Aufnahme im Bauerngarten: Gurke, Kürbis, Meerrettich, Gemüserhabarber und nicht zu vergessen die Tomate, die aus Peru und Ekuador kommt.

Wenn Sie zu guter Letzt noch Ihren Mischkulturbauerngarten nach dem Prinzip der Fruchtfolge beziehungsweise des Kulturwechsels bewirtschaften – je nach der Dauer der Vegetation und der Anbauart kennt man Vorfrüchte, Hauptfrüchte und Nachfrüchte –, dann führen Sie dem Boden ohne allzuviel Arbeitsaufwand Humus und Nährstoffe zu und fördern die Bodentätigkeit auf natürliche Art und Weise. Zudem ist auch Ihnen ein persönlicher Erfolg beschieden. Die Qualität und die Erträge des Gemüses werden verbessert, und die Arbeit macht darüber hinaus auch Spaß.

Was sonst noch alles in und um den Bauerngarten wachsen sollte

Nachdem die Gemüsepflanzen in einem oder mehreren Beeten untergebracht sind, werden auf die restlichen Beete die Würz- und Heilkräuter verteilt. Selbstverständlich können diese Kräuter auch den Rand Ihrer Gemüsebeete säumen oder ausgesät werden, wo gerade Platz ist. Einjährige Kräuter, wie Anis, Basilikum, Borretsch, Dill, Kamille, Kerbel, Koriander, Majoran und Senf, müssen jedes Jahr im Frühjahr neu ausgesät und gezogen werden. Sie zeichnen sich durch frühes Blühen aus und sind äußerst frostempfindlich. Zweijährige Kräuter sollten im Frühjahr, spätestens im Sommer zur Aussaat kommen. Sie überwintern mit Stengel und Blättern, um im zweiten Jahr zu blühen, zu reifen und danach abzusterben. Zu ihnen zählen der Kümmel und die Petersilie. Länger aber ist die Liste der andauernden Kräuter: Baldrian, Beifuß, Bohnenkraut, Eberraute, Estragon, Fenchel, Knoblauch, Lavendel, Liebstöckel, Meerrettich, Melisse, Origano, Pfefferminze, Pimpinelle, Poleiminze, Raute, Rosmarin, Salbei, Sauerampfer, Schnittlauch, Thymian, Wintermajoran, Wermut, Zitronenmelisse, Ysop. Alle überwintern entweder als Wurzelstock oder verholzende Halbsträucher ohne Blätter. Jeden Frühling treiben sie von neuem aus. Erst nach mehreren Jahren sollten sie durch Teilung des Wurzelstockes verjüngt werden.

Auch im Zeitalter der modernen Medizin vermögen Heilkräuter immer noch gute Dienste zu leisten. Daß Würzkräuter eine ernährungsphysiologisch wichtige Rolle im Wohlbefinden des Menschen spielen, dürfte bekannt sein. Die Vielfalt an Kräutern im Bauerngarten unserer Vorfahren wurde mehr für medizinische Zwecke als zum Würzen genutzt. Durch Blättern in alten Naturheil- und Kräuterbüchern und aus Erzählungen alter Bäuerinnen wird uns bewußt, welch bunter Kranz von Sagen, Aberglauben und Volksbräuchen sich um den Kräutergarten rankte. Ihm traten die Menschen mit Vertrautheit, Ehrfurcht und Liebe entgegen und suchten bei den Pflanzen Heilung in ihren Leib- und Seelennöten. Die Menschen jener Zeit brachten der Heilwirkung der Pflanzen ihrer Umgebung ihr ganzes Vertrauen entgegen, vermochten aber zwischen Wirklichkeit und Aberglaube noch nicht zu unterscheiden. Auch in unserer aufgeklärten Zeit ist die Naturwissenschaft nicht in der Lage, auf die Frage »Ist gegen jede Krankheit ein Kräutlein gewachsen?« eine befriedigende Antwort zu geben.

Wenn Sie aber Ihren Heilkräutern keinen festen Platz in Ihrer Hausapotheke – auf Grund welchen medizinischen Wissens auch immer – einräumen wollen, dann erfreuen Sie sich einfach an ihrer Schönheit und dem Duft. Diese Gewächse sind auch ihrer Blüte und Blätter wegen als Zierpflanzen äußerst wertvoll. Und bedenken Sie auch, daß im Umkreis solch aromatischer Pflanzen weniger Schädlinge anzutreffen sind.

Auch in den Bauerngarten gehört Beerenobst. Sein bevorzugter Standort ist entlang des Zaunes, an einer oder mehreren Seiten des Gartens, im Schatten von Sträuchern oder Bäumen. Rote, schwarze und weiße Johannisbeeren, Stachelbeeren, Himbeeren, Brombeeren sind dankbar und brauchen wenig Pflege. Für Erdbeeren sollten Sie einen sonnigen Platz aussuchen.

Zahllose Legenden ranken sich um den Holunder, ein altes Kulturgut, als Holder, Holler oder schwarzer Flieder bekannt. Als Beschützer von Haus und Hof, in dem der gute Hausgeist wohnt, wurde er geachtet. »Vor dem Holler sollst du den Hut abziehen«, hieß es unter der Landbevölkerung. Sie fühlte sich seit altersher sehr eng mit ihm verbunden. Wenn auch Sie ihm wieder ein Stück Heimat geben, wird er es Ihnen durch seine vielseitige Heilwirkung danken. Flieder, Wacholder, Eibe, Buchsbaum, Sadebaum, Haselstrauch oder Kornelkirsche füllen die Ecke Ihres Nutz- und Ziergartens sinnvoll aus.

Der Mensch hatte schon immer ein besonderes Verhältnis zu Bäumen – sie wachsen höher, leben länger –, er verehrte sie als heilig. Man möchte meinen, daß dies auch heute noch so ist, daß er jeden Baum, der lebt, als eine Kostbarkeit betrachtet. Doch dies ist nicht mehr der Fall. Tagtäglich stehen Bäume dem »Fortschritt«, dem Profit im Wege. Der Baum bedeutet vielen nichts mehr. Er hat den Schutz, den er in früheren Zeiten als Sinnbild ewigen Lebens hatte, verloren.

Bäume spielten in früheren Jahrhunderten für den Bauern eine große Rolle. Sie standen aber nie im eigentlichen Bauerngarten, sondern in dessen näherer und weiterer Umgebung. So sollten auch Sie sich daran wieder erinnern und Ihr Hofgelände mit einem oder mehreren Hausbäumen verschönern: einem schattenspendenden Walnußbaum, einer Linde, Roßkastanie, einer Eiche, Ahorn, Esche oder Ulme.

Lassen Sie ruhig auch einen alten, abgestorbenen Baum einmal stehen. Übergeben Sie ihn der Natur, die die Arbeit des Verrottens übernimmt.

Ein Haus ohne Spalierbaum oder Weinrebe war früher undenkbar. Geben Sie Ihrer Hausfront ein lebendiges Gesicht, begrünen Sie sie mit einem Spalierobstbaum, einer Weinrebe oder einer anderen Kletterpflanze. Sie sind ein Stück Natur an Ihrem sonst vielleicht etwas nackt und leblos dastehenden Haus. Dadurch helfen Sie mit, unsere Umwelt lebenswerter zu gestalten, das heißt das Klima und die Luft zu verbessern und das Auge zu erfreuen. Die Wirkung von Kletterpflanzen ist dieselbe wie von Bäumen, nur nehmen sie weniger Platz ein.

Unsere Vorfahren hatten Obstbäume mit Sicherheit in erster Linie für die Selbstversorgung angepflanzt. Sie wußten bestimmt nicht, daß sie dadurch auch das ökologisch und klimatisch Vernünftigste getan hatten. Unbestritten ist die positive Auswirkung auf das Kleinklima eines Bauernhofes, eines Dorfes. Mit der Anlage eines Obstgartens und der Bepflanzung mit widerstandsfähigen, alten Hochstammsorten tragen auch Sie wieder zur biologischen Stabilität der Kulturlandschaft und einer harmonischen Umgebung bei. Sie gebieten dem weiteren Niedergang einer auf Obstgärten spezialisierten, einzigartigen Tierwelt Einhalt. Werden Sie sich bewußt, daß Hochstammobstbäume alter Sorten für Schönheit und Harmonie wie für Tradition stehen, die weitergegeben und gepflegt werden sollte.

Bemühen Sie sich aber um alte Sorten. Vor nicht allzulanger Zeit standen dem Bauern noch einige Hundert zur Auswahl. Über alte Sorten, die für Ihre Gegend typisch sind, kann sicher ein älterer Bauer noch Auskunft geben. Eine Wiederbelebung dieser vielfältig einsetzbaren und so unterschiedlich schmeckenden Sorten ist dringend notwendig, da sie uns als genetisches Reservoir auch für die fernere Zukunft zur Verfügung stehen sollten.

Bedenken Sie weiterhin, daß Bäume menschliche Generationen überdauern und von unseren Vorfahren deshalb als Medium benutzt wurden, um sich über Kinder und Kindeskinder hinweg symbolisch fortzupflanzen. Ganz unbewußt wurde dadurch aber auch der Nachwelt ein Naturdenkmal gesetzt, das in früheren Zeiten als Sinnbild ewigen Lebens und somit als eine Kostbarkeit betrachtet und geschützt wurde. Auch der heutige Mensch sollte ihnen mit Würde und Ehrfurcht begegnen.

Ein schöner alter Brauch war es, bei der Geburt eines Sohnes einen Apfelbaum, bei der Geburt einer Tochter einen Birnbaum zu pflanzen. Vielleicht wollen auch Sie ihn wieder aufleben lassen.

Unsere Vorfahren kannten den Wert der Hecke, und wir lernen endlich wieder, ihren Nutzen neu zu begreifen. Als komplexes Ökosystem erfüllt sie im Gesamthaushalt der Natur wichtige Funktionen. Je abwechslungsreicher sie gestaltet und je naturnaher sie belassen wird, desto vielfältiger ist das Leben in ihr und um sie herum. Alles was krabbeln, kriechen, fliegen, schleichen und laufen kann, findet in ihr Schutz. Als Wasserspeicher und Windschutz regulieren Hecken den Wasserhaushalt, schaffen und stabilisieren darüber hinaus das Kleinklima. Ihr ästhetischer Wert und ihr Zweck zur Grundstücksabgrenzung sind nicht minder wichtig.

Pflanzen Sie heimische Sträucher! Wechseln Sie dichte, undurchdringliche Gehölze, die zum Teil Dornen oder Stacheln tragen, mit lichteren Gruppierungen ab! Hainbuche, Schwarz- und Weißdorn, Brombeere und Heckenrose werden von Vögeln bevorzugt als Schutz- und Dekkungsplätze angenommen. Sie leisten einen aktiven Beitrag zur Bekämpfung von Schädlingen in Ihrem Garten und der näheren Umgebung.

Vergessen Sie beim Pflanzen Ihrer Hecke nicht, immer wieder einen hochstämmigen Laubholzbaum beziehungsweise Obstbaum dazwischen zu setzen. Es ist sehr wichtig, daß der Großteil der Pflanzen Blüten und Beeren trägt, damit Bienen und Vögel sich davon ernähren können. Einige der Sträucher, die zur Bepflanzung in Betracht kommen, sind: Bluthartriegel, Kreuzdorn, Schlehe,

Hundsrose, Heckenkirsche, Brombeere, Öhrchenweide, Himbeere, Faulbaum, Kornelkirsche, Purpurweide, Gewöhnlicher Schneeball, Wolliger Schneeball, Haselnuß, Sanddorn, Schwarzer Holunder, Weißdorn, Vogelbeere, Pfaffenhütchen, Feuerdorn und Felsenbirne. Als Bäume: Holzapfel, Salweide, Steinweichsel, Speierling, Eibe, Schwarzerle, Hainbuche, Vogelkirsche, Feldahorn, Eberesche, Traubenkirsche, Mehlbeere sowie hochstämmige Obstbäume, möglichst aus Baumschulen der nahen Umgebung. Für die Schmetterlinge pflanzen Sie einen Sommerflieder.

Irgendwo im Garten sollten Sie einen Moderplatz anlegen. Dort werden Äste, Zweige, Reisig und Laub lose aufeinander geschichtet und sich selbst überlassen. Der Moderplatz soll aber keine Modifikation des Komposthaufens sein, sondern ein Refugium für neues Leben. Brennesseln wuchern heraus. Igeln und Vögeln bietet er eine Herberge. Kleinste Lebewesen, Pilze, Flechten, Algen, Käferlarven sind in diesem Totholzlebensraum Tag und Nacht am Werk und wandeln das Holz allmählich zu wertvollem Humus um. Die heimische Pflanzen- und Tierwelt ist an den Umsetzungsprozeß in hervorragender Weise angepaßt. Wenn Sie Holz und Laub wegschaffen, schädigen Sie sich und die Natur gleichermaßen.

In den Randbereichen Ihres Gartens, am Gartenzaun, entlang der Scheune, unter der Hecke, den Bäumen und Büschen, am Holzstapel und anderswo sollte es Unkräutern erlaubt sein, wachsen zu dürfen. Unkräuter, heute als Wildkräuter oder Begleitflora verstanden, haben vielfältige Funktionen. Sie helfen, Ihren Garten chemiefrei zu halten, damit Ihre eigene Lebensgrundlage und die Ihrer Nachkommen gewährleistet ist. Somit sind sie Nutz- und Zierpflanzen gleichwertig.

Noch gar nicht so alt ist der Brauch, Balkon und Fenster mit Blumen zu schmücken. Anfang des 19. Jahrhunderts dürften blumengeschmückte Häuser allmählich populär geworden sein. Aber wirklich schöne, einladende Fassaden mit leuchtendem Blumenschmuck auf Balkon- und Fensterbrettern kennt man erst seit zirka 30 Jahren. Leider läßt aber die Vielfalt an Blumen zu wünschen übrig. Immer wieder sieht man das gleiche Pflanzeneinerlei: Geranien, Begonien, Fuchsien und Petunien, das ist alles. Früher steigerte man mit dem Gefäß die Schönheit der Pflanzen, doch verschandelt man mit Plastikkästen die Fassade der Häuser. Das ganze Augenmerk der Bauersfrau richtet sich auf üppiges Blühen und Sich-zur-Schau-Stellen. Große Mengen an Chemie werden eingesetzt, um beim Dorfverschönerungswettbewerb positiv aufzufallen. Versuchen Sie es doch ohne Chemie. Füllen Sie nicht immer nur Humus in Ihre Kästen ein. Nehmen Sie auch einmal einen nährstoffarmen Boden und säen Sie eine Wiesenblumenmischung ein. Ohne Chemie, an das geringe Nährstoffangebot angepaßt, werden leuchtend gelb, violett, rot oder weiß blühende Blumen Ihr Auge sowie Schmetterlinge, Hummeln und Bienen bis in den Spätsommer hinein erfreuen.

Mit der Anlage eines Bauerngartens und der Beherzigung all der vorgenannten Ratschläge lebt die Tradition unserer Vorfahren weiter. Ein überliefertes Stück Kultur hilft mit, daß Pflanzenkleid des Dorfes vielfältig zu gestalten und mit neuem Leben zu erfüllen.

Literaturverzeichnis

F. Unger
Das Bauerngärtchen in Österreich. Österreichische Revue, Jg. 2, Bd. 1, 212–229, 1864, Wien

A. Kerner
Die Flora der Bauerngärten in Deutschland. Verhandlungen des zoologisch-botanischen Vereins in Wien, 5, 787–826, 1855

J. Schadeberg
Skizzen über den Kulturzustand des Regierungsbezirkes Merseburg (Saale). Die Gärten, 66–79, 1857

R. Fischer-Benzon
Unsere Bauerngärten. Schleswig-Holsteinische Zeitschrift für Obst- und Gartenbau, Nr. 1: 4–7, 19, 1891

J. Stinde
Die Blumen des Bauerngartens. Velhagen und Klasings Monatshefte, 179–189, 1902, Verlag Velhagen und Klasing

L. Glaab
Über Pflanzen der salzburgischen Bauerngärten und Bauerngärten im allgemeinen. Deutsche Botanische Monatszeitschrift, X. Jg. Nr. 9–12, 155–158, 1892; XI. Jg., 38–41, 1893

K. Kanig
Die Pflanzung im Garten nach physiognomischen Grundsätzen. Die Gartenkunst, 6. Jg., 168–171, 1904

P. Dittrich
Zum schlesischen Bauerngarten. Mitteilungen der Schlesischen Gesellschaft für Volkskunde, Bd. 9, H. 17: 90–92, Breslau

K. Olbrich
Beobachtungen über den schlesischen Bauerngarten. Mitteilungen der Schlesischen Gesellschaft für Volkskunde, Bd. 9, H. 16: 66–84, Breslau

W. Lange
Der Bauerngarten. Gartengestaltung der Neuzeit, Leipzig, 44–62, 1907

H. Weicker
Bäuerliche Blumengärtchen im Gebirge. Deutsche Landbuchhandlung, Berlin, 1910

B. Haldy
Bauerngärten, Gartenflora. Berlin, 63 (1914), 139–143

H. Scherzer
Die Flora alter Bauerngärten, Oberdeutschland. Eine Monatsschrift für jeden Deutschen, 6. Band, 1922, 18–23

H. Marzell
Bayerische Volksbotanik. Lorenz Spindler Verlag, Nürnberg, 1925

E. Günther
Der Bauerngarten im Aargau. Mitteilungen der Aargauischen Naturforschenden Gesellschaft, XVII. Heft, Aargau, 1925

W. Pfaff
Unsere heimatlichen Bauerngärten, bäuerliche Fensterpflanzen und Dorffriedhöfe. Der Schlern, 8. Jg., 4. Heft, 1927

E. Rebholz
Alter Blumen- und Kräuterschatz in den Friedhöfen und Bauerngärten des oberen Donautales und seiner Umgebung. Schwäbisches Heimatbuch, 17. Band, 1931

F. C. Weigold
Gartenkunst. Bd. 51, H. 3: 66–68, Berlin, 1938

H. Scherzer
Der Bauerngarten und seine Geschichte. Gau Bayreuth: Land, Volk und Geschichte, hrsg. von Hans Scherzer, 434–439, München, 1943

G. Allinger
Der deutsche Garten. Der alte Bauerngarten. S. 99–106, Verlag F. Bruckmann, München, 1950

M. Kundegraber
Der Bauerngarten der Steiermark, Dissertation. Universität Graz, 1951

A. Mosig
Der deutsche Bauerngarten. Deutscher Bauernverlag, 1958

H. Hasler
Deutsche Gartenkunst. Eugen Ulmer Verlag, Stuttgart, 1939

A. Seifert
Karl der Große – der Vater des Bauerngartens. Schönere Heimat, 48.–51. Jg., 1959–1962

A. Schlagbauer
Das Blumenjahr im Bauerngarten. Fränkisch-Schwäbischer Heimatverlag, Oettingen/Bayern, 1964

A. Hauser
Bauerngärten der Schweiz. Artemis Verlag, 1976

H.-R. Heyer
Historische Gärten der Schweiz. Benteli Verlag, Bern

H.-R. Heyer
Baselbieter Bauern- und Herrschaftsgärten. Reihe „Das schöne Baselbiet“, H. 12: 43 S., Hrsg. Baselbieter Heimatschutz, Liestal

J. Brun-Hool
Zur Pflanzensoziologie Schweizer Gärten. Phytocoenologia, Tüxen-Festschrift, Vol. 7: 73–99, Stuttgart Braunschweig, 1980

I. und P. Menzel
Alte Bauerngärten. Droemer Knauer, 1982

J. Dahl
Ein Platz für Wildgräser. Natur, H. 11, S. 79–81, München, 1983

P. Titze
Das Pflanzenkleid des Dorfes – seine Gärten. Laufener Seminarbeiträge 1/83–84, Hrsg. Akademie für Naturschutz und Landschaftspflege, 8229 Laufen/Salzach

C. Widmayr
Der Bauerngarten – ein Relikt aus vergangener Zeit oder ein lebendiger Garten? Schönere Heimat, 72. Jg., H. 1: 3–11, Bayer. Landesverein für Heimatpflege e. V., München

J. Brun-Hool
Bauerngärten im Kanton Luzern. Mitteilungen der Naturforschenden Gesellschaft Luzern, Luzern, 1984

H.-D. Krausch
Märkische Bauerngärten und ihre Blumen. Rathenower Heimatkalender 1981, 25. Jg., Rathenow, 1980

A. Kerner
Die Flora der Bauerngärten in Deutschland. Verhandlungen der Zoologisch-Botanischen Gesellschaft in Wien, S. 787–826, 1855

H. Marzell
Der Bauerngarten. Handbuch der deutschen Volkskunde, Band 3, Heft 8, S. 199–206

H. Marzell
Bauerngarten und Bauernpflanzen. Deutsches Volkstum, Walter de Gruyter, 1937

O. Wilke
Der ländliche Garten. Braunschweigische Heimat 15, Nr. 2, S. 51–58, 1924?

H. Jacobi
Niedersächsische Bauerngärten. Niedersächsische Baupflege, Nr. 7, Hannover, 1936

M. Mappes
Uraltes im deutschen Bauerngarten. Gartenkunst, Verlag deutsche Gesellschaft für Gartenkunst, Berlin 1938, 47–56

A. Wetzel
Der Bauerngarten. Verlagsgesellschaft für Ackerbau, Berlin, 1935

H. Neubig
Die Flora des oberfränkischen Bauerngartens. Heimatbilder aus Oberfranken, 118–121, 1913

L. F. Fuchs
Der Bauerngarten. Über Land und Meer, Nr. 26, 635–637, 1908

A. Stiglmair
Tiere und Pflanzen im alten Dorf. Oscar Mahl Verlag, Schwäbisch Hall, 1988

W.-D. und U. Unterweger
Schöne alte Bauerngärten. Stürtz Verlag Würzburg, 1984

W. Dittrich
Bäuerliche Gärten. Verlag Eugen Ulmer, Stuttgart, 1984

W. Nowak-Nordheim
Freude am Bauerngarten. Südwest Verlag München, 1982

R. Brockpähler
Bauerngärten in Westfalen. F. Coppenrath Verlag, Münster, 1985

D. Wieland et al.
Grün Kaputt – Landschaft und Gärten der Deutschen. Raben Verlag, München, 1983

B. Grießmair, A. Kompatscher
Vielgeliebter Bauerngarten. Verlagsanstalt Athesia, Bozen, 1987

K. Schreiber
Petersilie, Suppenkraut... Natur, Nr. 8, 1986, Ringier Verlag, München

C. Widmayr
Alte Bauerngärten neu entdeckt. BLV Verlagsgesellschaft, München, 1984

H. Wegener
Vom deutschen Bauerngarten. Verlagsbuchhandlung Weber, Leipzig, 1937

D. Rhagorio
Pflantz-Gart, darinnen grundlicher Bericht zu finden, welcher Gestalten Obst-, Krut- und Weingärten mit Lust und Nutz anzustellen, zu bauen und zu erhalten. Bern, 1639

F. Jühlke
Fortschritte des landwirtschaftlichen Gartenbaues während der letzten zehn Jahre. Berlin: Wiegandt, 1854

W. Boeck
Alte Gartenkunst. Eine Kulturgeschichte in Beispielen. S. 94–95: Der Bauerngarten, Leipzig

A. Sternschulte
Über die Ansiedlung von gefährdeten dörflichen Ruderal- und Segetalgesellschaften und historischer Bauerngartenkulturen im Freilichtmuseum Detmold. Diplomarbeit am Lehrstuhl für Landschaftsökologie des Geographischen Institutes Münster, 1983

H. Marzell
Unsere Heilpflanzen – ihre Geschichte und ihre Stellung in der Volkskunde. Theodor Fisher Verlag, Freiburg i. Br., 1922

A. Sternschulte
Bauerngärten in Westfalen. In: Siedlung und Landschaft, Bd. 17, Münster 1985, S. 39–106

H. Christ
Zur Geschichte des alten Bauerngartens der Schweiz und angrenzenden Gegenden. Benno Schwabe Verlag, Basel, 1923

10,-